Prix : 1 f². 20

Leclair

Exercices orthographiques

GRAMMAIRE

DE LA

LANGUE FRANÇAISE

Ramenée aux principes les plus simples

PAR

M. LUCIEN LECLAIR

PROFESSEUR AGRÉGÉ DE L'UNIVERSITÉ

Ouvrage approuvé par le Conseil supérieur de perfectionnement
de l'enseignement secondaire spécial.

EXERCICES ORTHOGRAPHIQUES

EN RAPPORT AVEC LA GRAMMAIRE ABRÉGÉE

PAR

MM. L. LECLAIR ET FRAICHE

NOUVELLE ÉDITION, ENTIÈREMENT REFONDUE

PARIS

LIBRAIRIE CLASSIQUE D'EUGÈNE BELIN

RUE DE VAUGIRARD, N° 52.

1870

Tout exemplaire de cet ouvrage non revêtu de ma griffe sera réputé contrefait.

SAINT-CLOUD. — IMPRIMERIE DE Mme Ve BELIN.

PRÉFACE

DE CETTE NOUVELLE ÉDITION.

Les *Exercices* sont le complément indispensable de toute grammaire, et contribuent puissamment à en faire comprendre et retenir les règles ; mais, en cette matière, la forme est, à notre avis, d'une grande importance.

Nous estimons d'abord que l'on doit respecter l'orthographe des mots, et la cacographie nous a toujours paru une mauvaise chose. En dénaturant et en estropiant les mots, on accoutume les yeux de l'enfant à l'aspect d'une orthographe vicieuse ; et comme, à cet âge, la mémoire des yeux est plus fidèle que celle de l'esprit, l'élève se souvient moins du mot juste que du mot défectueux qu'on y a substitué. Nous avons donc conservé aux mots leur forme simple et régulière, laissant à l'intelligence de l'enfant le soin de leur faire subir les modifications indiquées en tête de chaque devoir.

En second lieu, les *Exercices* ne se composent ordinairement que de phrases détachées. Ce système offre il est vrai, l'application directe et immédiate de la règle ; mais adopté à l'exclusion de tout autre, il a le grave inconvénient de n'offrir à l'enfant que très-peu d'intérêt.

Nous avons cherché à concilier l'application de la règle avec l'intérêt de la lecture. Pour cela, nous présentons sous le titre d'*Exercices*, une série de phrases détachées, puis, sous le titre de *Devoirs*, nous donnons des morceaux d'ensemble, empruntés pour la plupart à nos auteurs classiques. Le développement d'une pensée morale, un trait d'histoire, une anecdote, un sujet d'histoire naturelle, etc., forment le fond de ces textes. L'élève ajoute ainsi des connaissances générales à l'étude souvent aride du français.

Cette nouvelle édition des *Exercices* a été mise en rapport avec la cinquième édition et suivantes, devenues définitives, de notre *Grammaire française*. Nous espérons que les importantes modifications apportées dans l'un et l'autre livre recevront un accueil favorable de la part des maîtres; ils voudront y voir notre désir d'améliorer notre cours, et de le rendre digne de la faveur qu'il a rencontrée dans l'enseignement.

EXERCICES
SUR LA GRAMMAIRE ABRÉGÉE.

___

DU NOM OU SUBSTANTIF.

I. Pluriel des noms.

LA MUSIQUE EN FRANCE.

§ 23. — (L'élève formera le pluriel des noms, suivant la règle.)

Longtemps on a fait aux (*Français*) le reproche de n'être pas nés (*musicien*), comme si tous les (*peuple*), ne naissaient pas avec les mêmes (*organe*); comme si tous les (*habitant*) de notre globe n'avaient pas des (*oreille*) pour entendre et des (*voix*) pour chanter. S'il y a parmi nous peu de (*chanteur*), c'est que notre éducation est incomplète. Allez, dira-t-on, dans les (*pays*) allemands, partout dans les (*campagne*) vous serez émerveillés des (*air*) gracieux et des (*chant*) mélodieux des (*paysan*). Les (*moissonneur*) se reposent de leurs (*travail*) en répétant les (*chœur*) les plus harmonieux. Les (*soldat*), dans leurs (*corps*) de garde, trompent les (*ennui*) de l'oisiveté par des (*refrain*), des (*morceau*) d'ensemble, qu'ils chantent souvent avec une admirable précision.

___

2. Suite.

Maintenant parcourez nos (*champ*), et écoutez, si vous en avez le courage, les (*chant*) criards de nos (*villageois*). Vous entendez les (*son*) les plus faux, les (*rhythme*) les plus grotesques, des (*cri*), des (*éclat*), à vous rendre sourd. Les uns déchirent leur gosier à force de chanter aigu, les autres s'enrouent pour faire entendre de bonnes grosses (*voix*) bien creuses; ce sont des (*charivari*) à n'y rien comprendre. On les a comparés, avec juste raison, aux (*concert*) des (*merle*) et des (*hibou*). Si nous ne sommes pas (*musicien*), c'est que personne, pas plus chez les (*Allemand*) que chez les (*Français*), ne naît musicien; ce n'est que par une étude et des (*travail*) constants que nos (*artiste*) sont arrivés où ils en sont. Mais dans les (*mœurs*) allemandes la musique fait partie des premiers (*enseignement*). Les plus humbles (*instituteur*) touchent les (*orgue*) et dirigent les (*hymne*) religieuses. Les (*enfant*) y sentent la musique en naissant; il n'est donc pas étonnant que les (*Allemand*) nous surpassent sous ce rapport.

---

3. LES PREMIERS PEUPLES.

(Mettez tous les noms au pluriel.)

Tous les (*peuple*) ont commencé par être (*pasteur*) ou (*chasseur*); les (*animal*) qu'ils prenaient, soit dans des (*filet*), soit par la force, devaient satisfaire à tous leurs (*besoin*). Ils se nourrissaient de leurs (*chair*), et leurs (*dépouille*) les garantissaient des (*intempérie*) des (*saison*); mais leur vie n'était qu'une succession de (*lutte*) et de (*combat*) perpétuels. Les (*berger*), plus paisibles, obtenaient les mêmes (*avantage*) des nombreux (*troupeau*) qu'ils élevaient. D'abord les (*toison*) tout entières avec les (*peau*) composaient les (*vêtement*). Bientôt les (*art*) apprirent à préparer et filer les (*laine*), et à fabriquer les (*tissu*); les (*agriculteur*) découvrirent certains (*végétal*) filamenteux dont ils surent tordre les (*faisceau*) et tisser des (*étoffe*).

---

4. Suite.

Plus tard encore, de simples (*ver*) leur fournirent des (*fil*) aussi solides et plus brillants. Telles sont les (*matière*) premières de nos (*habillement*). Il faut y joindre les (*poil*) des (*chèvre*), des (*chameau*), des (*bœuf*), des (*lama*), les chaudes (*fourrure*) des (*animal*) du nord. Tous ces (*être*) sont aujourd'hui les (*vassal*) de l'homme; en tous (*lieu*) ils sont soumis à son autorité, et ne semblent vivre que pour lui. Mais la laine des (*mouton*) est encore le produit le plus recherché pour confectionner les (*vêtement*), c'est aussi le plus généralement répandu. Dans les plus pauvres (*hameau*), comme sur les (*coteau*) les plus riches, on trouve d'abondants (*troupeau*) élevés presque uniquement pour leurs (*toison*). La race la plus estimée est originaire d'Espagne; c'est celle des (*mérinos*). On les tond tous les (*an*), vers le mois de juin. Les (*laine*), imprégnées d'(*huile*) grasses, produites par les (*corps*) des (*animal*), sont lavées, puis livrées aux (*commerçant*).

---

5. LES VÉGÉTAUX.

(Mettez tous les noms au pluriel.)

Les (*arbre*), les (*arbrisseau*), les (*plante*) sont les (*parure*) et les (*vêtement*) des (*climat*) divers. Quoi de plus triste que ces (*campagne*) nues, qui n'étalent aux (*œil*) que des (*pierre*) et des (*sable*) arides? Mais vivifiée par la nature, et revêtue par elle de ses plus beaux (*joyau*) et de ses (*bijou*) les plus éclatants, au milieu des (*cours*) capricieux des (*eau*) vives et des (*chant*) des (*oiseau*), la terre offre à l'homme des (*spectacle*) pleins de vie, d'intérêt et d'attrait, les seuls dont les (*œil*) et les (*cœur*) ne se lassent jamais. Les (*végétal*) fournissent à nos (*besoin*) comme à ceux des autres (*animal*). Nous leur devons les (*tissu*) qui nous couvrent, nos (*aliment*), les premiers (*élément*) de nos (*habitation*), et les (*remède*) qui nous soulagent dans nos (*mal*). Les (*vaisseau*) qui nous portent vers d'autres (*ciel*), les (*berceau*) qui nous reçoivent à notre naissance, et les (*tombeau*), qui sont notre dernier a-ile, empruntent leurs (*élément*) primitifs au règne végétal. Ses (*produit*) multiplient nos (*jouissance*), et sa présence éveille nos (*sensation*). Les (*émanation*) odorantes des (*plante*), leurs (*ombrage*), leurs (*lit*) de verdure flattent nos (*sens*), nous récréent ou nous invitent au repos.

6. Suite.

Fixées invariablement au sol qui les a vues naître, les (*fleur*) sont toujours à portée de nos (*main*) et se prêtent à nos (*recherche*) comme à nos (*désir*). Ni leurs (*forme*) ni leurs (*beauté*) ne nous échappent. Élevés par nous, les (*végétal*), par leurs (*fruit*), rémunèrent avec usure nos (*travail*), sans compter les (*plaisir*) que nous ressentons à voir prospérer nos (*œuvre*). Qui d'entre nous, en effet, n'éprouve des (*sentiment*) délicieux, en promenant ses (*regard*) sur les (*champ*) qu'il a semés, sur les (*coteau*) qu'il a plantés ! Le vieillard se sent rajeunir en parcourant les (*bois*) qu'il a tant de (*fois*) parcourus; ces (*arbre*) furent les (*compagnon*) de ses jeunes (*an*); vieillis avec lui, ils lui fournissent le bâton qui soutient ses (*pas*) chancelants, ses (*genou*) tremblants; ils ont été (*témoin*) de ses (*joie*) et de ses (*douleur*); il les aime comme ses (*enfant*).

———

Formation du féminin dans les noms.

La distinction du genre pour les êtres animés se fait en français de trois manières :

I. Par l'addition des mots *mâle* ou *femelle*.

Masculin.	Féminin.
Le corbeau mâle,	Le corbeau femelle,
La grenouille mâle,	La grenouille femelle,
La souris mâle,	La souris femelle,
Le rat mâle,	Le rat femelle,
Le poisson mâle.	Le poisson femelle, etc.

II. Par l'emploi de mots différents au masculin et au féminin. L'usage seul fait connaître ces mots.

Masculin.	Féminin.
Le bouc,	La chèvre,
Le taureau,	La vache,
Le sanglier,	La laie,
Le cochon,	La truie,
Le singe,	La guenon, etc.

III. Par certaines modifications que l'on fait subir au substantif masculin. Les règles sont à peu près les mêmes que pour la formation du féminin dans les adjectifs. Ainsi :

1° On forme le féminin de certains noms en ajoutant un *e* muet au masculin.

Ex. : Le lapin,   La lapine,
      Le paon,   La paone,
      L'ours,   L'ourse, etc.

2° Quand le nom masculin est terminé par une consonne, on forme le féminin en redoublant cette consonne, et on ajoute un *e* muet.

Ex. : Le lion,   La lionne,
      Le chien,   La chienne,
      Le chat,   La chatte, etc.

3° Quand la dernière consonne du nom masculin est un *p*, on le change en *v* et on ajoute un *e* muet.

Ex. : Le loup,   La louve.

4° Lorsqu'un nom est terminé au masculin par un *e* muet, pour avoir le féminin, on change cet muet en *esse*.

Ex. : Le tigre,   La tigresse,
      Le pauvre,   La pauvresse,
      Le traître,   La traîtresse, etc.

5° Dans un certain nombre de noms masculins qui finissent par *eur*, on change *eur* en *euse* pour avoir le féminin.

Ex. : Le danseur,   La danseuse,
      Le voleur,   La voleuse.

6° Dans d'autres noms en *eur*, on change *eur* en *eresse*.

Ex. : Le pécheur,   La pécheresse,
      Le chasseur,   La chasseresse,
      Le demandeur,   La demanderesse,
      Le défendeur,   La défenderesse.

1

7° Dans d'autres encore, on change *eur* en *rice*.

Ex. : L'acteur,	L'actrice,
L'instituteur,	L'institutrice,
L'ambassadeur,	L'ambassadrice.

8° Un certain nombre de noms masculins forment leur féminin d'une façon irrégulière.

Ex. : L'empereur,	L'impératrice,
Le gouverneur,	La gouvernante,
Le serviteur,	La servante,
Le perroquet,	La perruche,
Le levrier,	La levrette,
Le héros,	L'héroïne, etc.

7. Exercice.

(Mettez au féminin les phrases suivantes et faites accorder les adjectifs.)

1. (*Le châtelain*) se montre (*bienfaisant*) envers les malheureux.

2. (*Le berger*) est (*attentif*) à écarter les dangers qui menacent son troupeau.

3. (*Le moissonneur*) est (*brûlé*) par les feux du soleil.

4. (*L'hôte*) est (*prévenant*) à l'égard de ses commensaux.

5. (*Le druide*) était (*couronné*) de verveine.

6. (*Le lecteur*) paraissait fort (*intelligent*).

7. (*Ce canard*) est (*destiné*) à être (*mis*) à la broche.

8. (*Le père*) est (*veuf*) depuis deux ans.

9. (*Le loup*) est aussi (*poltron*) que (*cruel*).

10. (*Le bélier*) est plus (*doux*) que (*le bouc*).

11. (*Le tigre*) passe pour moins (*généreux*) que (*le lion*).

12. (*L'âne*) est moins (*entêté*) et plus (*frugal*) que (*le mulet*).

13. (*Le prêtre*) (*païen*) est (*le serviteur*) des (*faux dieux*).

14. (*Le duc*) est (*le*) plus (*compatissant*) des (*hommes*).

15. (*Le martyr*) fut (*déchiré*) par les bêtes féroces au milieu de l'amphithéâtre.

16. (*Le cheval*) est aussi (*fier*) que (*courageux*).

17. (*L'ogre*) est (*altéré*) de sang.

18. (*Le maître*) sera (*satisfait*) de l'élève.

19. (*L'inspecteur*) est aussi (*instruit*) que (*poli*).
20. (*Le prince*) est (*enclin*) à la générosité.

DE L'ADJECTIF.

Féminin des adjectifs.

8. TRAIT DE PIÉTÉ FILIALE.

§ 28. — (L'élève formera le féminin des adjectifs suivant le sens.)

Une dame (*romain*), (*coupable*) d'une faute (*grave*), mais
que l'histoire (*contemporain*) ne nomme pas, fut, par sentence (*définitif*), livrée au bourreau pour être étranglée dans
sa prison. L'exécuteur, pris sans doute d'une pitié (*secret*),
au lieu de lui ôter lui-même la vie, préféra la laisser mourir de faim; il poussa même la commisération jusqu'à
permettre à Térentia, fille de la femme (*captif*), mariée depuis quelque temps à un chevalier romain, et nourrissant
une (*gentil*) enfant de deux mois, de venir la visiter; mais
sous la condition (*formel*) qu'elle ne lui apporterait (*aucun*)
nourriture, ce dont il s'assurait, du reste, en la fouillant à
chacune de ses (*pieux*) visites. Plusieurs jours s'écoulèrent
ainsi sans que la (*malheureux*) mère parût affaiblie par une
abstinence aussi (*complet*) et aussi (*long*).

---

9. Suite.

Etonné de voir qu'elle vivait encore, le geôlier eut recours à une surveillance plus (*minutieux*). Il s'aperçut
alors que la (*généreux jeune*) femme présentait le sein à
sa mère, qu'elle nourrissait ainsi de son propre lait.
Pénétré alors d'une (*soudain*) admiration pour une action
aussi (*beau*) qu'inattendue, il alla aussitôt, s'exposant lui-
même à une punition (*certain*), raconter aux juges ce qui en
était. Cette preuve (*excessif*) de piété (*filial*) fut vivement
sentie et par les magistrats et par le peuple. Chacun demanda une grâce (*immédiat*) et (*définitif*) pour la mère (*coupable*), en faveur d'une fille si (*bon*) et si (*tendre*). D'une voix

(*unanime*), la rémission (*complet*) de la peine fut accordée ;
on fit plus, on assura à la mère et à la fille une pension
(*perpétuel*) sur le trésor public. La prison, témoin d'un tel
fait, fut démolie, et un temple, dédié à la piété (*filial*),
s'éleva à la place.

---

10. LA MARMOTTE.

(Formez le féminin des adjectifs.)

La marmotte (*commun*) a plus de trois décimètres de longueur, sans comprendre la queue, qui est assez (*court*) et
(*noirâtre*) à son extrémité. Son pelage est d'un gris jaune
dans la (*majeur*) partie du corps ; mais elle a la tête (*cendré*),
excepté au sommet, qui présente une (*beau*, couleur (*noir*).
Les pieds sont blancs et le tour du museau d'un blanc gri-
sâtre. Chaque marmotte fait partie d'une (*petit*) société
composée d'une à trois familles qui hibernent dans la
même retraite. Au moment de s'engourdir, la marmotte
est ordinairement très-(*gras*) ; elle est fort (*maigre*), au contraire, quand elle sort de son terrier au printemps. La
marmotte à l'état sauvage se montre assez (*industrieux*) ;
elle établit son domicile sur les montagnes, le long de
quelque pente (*escarpe*), tournée au midi ou au levant.
Chaque (*petit*) société a une (*petit*) habitation (*commun*) à
laquelle elle donne la forme d'un Y couché. La branche
(*supérieur*) sert pour l'entrée et la sortie, l'(*inférieur*) est des-
tinée à recevoir les ordures. Ces deux branches assez étroi-
tes aboutissent à une excavation (*profond*) et (*spacieux*), qui
est le lieu du séjour des marmottes. Cette excavation est
matelassée de mousse et de foin qu'elles savent composer
d'une herbe très-(*fin*).

---

11. Suite.

La marmotte passe une (*grand*) partie de sa vie dans son
terrier, dont elle ne s'éloigne guère. Tandis que toutes les
marmottes du voisinage sont occupées au dehors à paître,

ou à jouer sur l'herbe au soleil, l'une d'entre elles, senti-
nelle (*attentif*), veille à la sûreté (*général*). En observation
sur une roche (*voisin*), elle tient ses yeux continuellement
fixés sur la campagne. A la plus (*leger*) apparence de danger, elle fait retentir les rochers d'un long sifflement. A ce
signal, toutes ses compagnes regagnent leurs tanières.

La marmotte demeure engourdie depuis le commencement de décembre jusqu'à la fin d'avril. Quand les chasseurs s'avisent de la déterrer pendant cette période, ils la
trouvent ramassée en boule et enveloppée dans le foin.
Comme elle est alors fort (*gras*), on la mange quelquefois,
et sa chair serait très-(*bon*) sans la (*mauvais*) odeur dont
elle est toujours accompagnée.

---

12. Suite.

La marmotte une fois (*captif*), se montre fort (*doux*) de
caractère. Lorsqu'elle est devenue (*familier*) dans une
maison, et qu'elle se croit soutenue par son maître,
elle n'hésite pas à attaquer les chats et les chiens pour
les chasser de la place qu'elle s'est adjugée au coin du
feu. On la nourrit indistinctement de viande, de pain,
de fruits, de racines, de choux, de hannetons, de sau-
terelles et d'autres insectes; mais elle est surtout (*friand*)
de lait et de beurre. Quoique moins (*enclin*) au vol que le
chat, si elle peut se glisser à la dérobée dans une lai-
terie, elle s'y gorge de lait à n'en pouvoir plus. Du reste,
cette liqueur est la seule qui lui convienne, et quand elle
a la (*bon*) fortune d'en trouver, elle témoigne d'une façon très-
(*expressif*) le plaisir qu'elle éprouve. Elle fait entendre alors
un petit murmure présentant quelque analogie avec la voix
d'un jeune chien. La marmotte est d'une propreté (*exquis*),
et sans l'odeur (*vif*) et (*désagréable*) qu'elle exhale, odeur
que certaines personnes trouvent (*insupportable*), elle serait
bien moins (*rare*) à l'état domestique

---

13. LES SERPENTS A SONNETTES.

(Faites accorder les adjectifs.)

Les crotales ou serpents à sonnettes appartiennent au groupe des serpents (*venimeux*) ; ils sont même les plus (*dangereux*) de tous ; leur piqûre a des effets (*terrible*) tant pour l'homme que pour les plus (*grand*) animaux. On en cite des cas réellement (*epouvantable*). Ce sont les dents de ces serpents qui sont chargées de l'introduction du venin. Elles peuvent le conserver longtemps sans altération, à tel point que des squelettes, quoique préparés depuis plusieurs années, ou des individus conservés dans l'alcool, doivent toujours être maniés avec de (*grand*) précautions. Les dents (*meurtrier*) sont (*adherent*) à l'os de la mâchoire. Il y a toujours deux dents plus (*fort*) et d'autres en voie de développement, (*situé*) derrière les premières et (*pret*) à les remplacer. Ces dents sont (*canaliculé*) et (*semblable*) à des gouttières. Les crotales sont (*reconnaissable*) à leurs formes (*trapu*), à leur grosse tête que termine un museau court, gros et arrondi, à leurs écailles (*épais*), (*libre*) au sommet et surmontées d'une espèce de tubercule, et à une certaine uniformité dans les teintes, qui sont le plus habituellement d'un brun jaunâtre, relevées par de (*large*) taches (*rhomboïdal*) beaucoup plus (*sombre*).

------

14. Suite.

Mais le principal caractère des crotales est l'appareil que l'on désigne sous le nom de sonnettes. Il est situé à l'extrémité de la queue et est formé par un certain nombre de (*petit*) écailles (*sec*) et (*mobile*) emboîtées les unes dans les autres. Quand l'animal agite rapidement cette partie de son corps, ces écailles produisent un bruit strident comparable à celui de (*vieux*) pois que l'on agiterait dans leurs cosses. Les crotales sont (*révéré*) par (*certain*) peuplades (*américain*). Celles-ci se contentent le plus souvent de les éloigner de leurs habitations, mais sans les tuer dans la crainte que l'esprit de celui qu'on aurait fait mourir, n'excite ses parents et ses amis (*vivant*) à le venger.

Les crotales sont réputés (*sensible*) à la musique. Voici ce que dit à ce propos Chateaubriand : « Nous voyagions dans le Haut-Canada avec (*quelque*) familles (*sauvage*) de la nation des Ounoutagnes. Un jour que nous nous étions arrêtés dans une plaine au bord de la rivière Génésie, un serpent à sonnettes entra dans notre camp. Nous avions parmi nous un Canadien qui jouait de la flûte ; il voulut nous amuser et s'avança contre le serpent avec son arme d'une (*nouveau*) espèce.

---

15. Suite.

A l'approche de son ennemi, le superbe reptile se forme tout à coup en spirale, enfle ses joues, contracte ses lèvres, découvre ses dents (*venimeux*) et sa gueule (*rougi*). Sa langue (*fourchu*) s'agite rapidement au dehors ; ses yeux brillent comme des charbons (*ardent*), et sa queue en produisant des sons (*sinistre*) oscille avec tant de rapidité qu'elle ressemble à un amas de (*léger*) vapeurs. Alors le Canadien commence à jouer sur sa flûte ; le serpent fait un mouvement de surprise et retire sa tête en arrière ; il ferme peu à peu sa gueule enflammée. Les vibrations de sa queue se ralentissent, et le bruit qu'elle fait entendre s'affaiblit et meurt par degrés. Moins (*perpendiculaire*) sur sa ligne (*spiral*), les orbes du serpent charmé s'élargissent et viennent tour à tour se reposer sur la terre en cercles (*concentrique*). Tournant légèrement la tête, il demeure immobile dans l'attitude de l'attention et du plaisir. Dans ce moment, le Canadien marche (*quelque*) pas, en tirant de sa flûte des sons (*lent*) et (*monotone*) ; le reptile entr'ouvrant avec sa tête les herbes (*fin*) se met à ramper sur les traces du musicien qui l'entraîne, s'arrêtant lorsqu'il s'arrête et commençant à le suivre aussitôt qu'il commence à s'éloigner. Il fut ainsi conduit hors de notre camp au milieu d'une foule de spectateurs tant (*sauvage*) qu'(*européen*), tellement (*émerveillé*) à cette vue qu'ils en croyaient à peine leurs yeux.

COMPARATIFS ET SUPERLATIFS.

16. Exercice.

§ 52, 2°. — (Mettez au comparatif d'infériorité les adjectifs des phrases suivantes.)

21. Le zinc est beaucoup (*ductile*) que le plomb; il n'acquiert une certaine ductilité que dans le cas où on le chauffe fortement.

22. L'or possède aujourd'hui une valeur beaucoup (*petite*) que celle qu'il avait vers le milieu du dix-huitième siècle.

23. L'or et l'argent sont (*nécessaire*) que le fer.

24. Si l'on avait à choisir entre deux hommes, on devrait préférer le plus honnête, quand bien même il serait (*habile*) que l'autre.

25. La Saône est beaucoup (*rapide*) que le Rhône.

---

17. Exercice.

§ 52, 3°. — (Mettez au comparatif d'égalité les adjectifs des phrases suivantes.)

26. On range dans la classe des métaux précieux tous ceux qui sont (*inoxydables*) que l'or.

27. André Thouin, naguère jardinier en chef du Jardin des plantes de Paris, était (*modeste*) que savant; il n'osa jamais se parer du cordon de l'ordre de la Légion d'honneur dont Napoléon Ier l'avait décoré.

28. Les Romains n'ont jamais été (*savants*) que les Grecs.

29. Cette jeune fille est (*laborieux*) que sage.

30. Le vin de Chypre est (*sirupeux*) que celui de Porto.

---

18. Exercice.

§ 52, 1°. — (Mettez au comparatif de supériorité les adjectifs des phrases suivantes.)

31. Il n'est (*mauvaise*) eau que l'eau qui dort.

32. Le gaz hydrogène est environ quatorze fois (*léger*) que l'air.

33. Le sang des oiseaux est (*chaud*) que celui des mammifères.

34. Vit-on jamais époque (*fertile*) en malheurs que le fut pour la France le quatorzième siècle tout entier.

35. Quoique le miel du Gâtinais soit considéré comme (*bon*) que beaucoup d'autres, celui de Narbonne est encore (*estimé*).

---

19. Exercice.

§ 34. — (Mettez au superlatif relatif d'infériorité les adjectifs des phrase suivantes.)

36. Le style (*noble*) a pourtant sa noblesse.

37. La conscience (*timorée*) serait bourrelée de remords à la pensée d'un tel crime.

38. Le tabac (*actif*) est encore un violent poison.

39. Les régions (*chaudes*) de la terre sont en même temps (*favorables*) à la végétation.

40. Les couches d'air (*denses*) occupent la partie supérieure de l'atmosphère.

---

20. Exercice.

§ 34. — (Mettez au superlatif relatif de supériorité les adjectifs des phrases suivantes.)

41. Le fer est (*tenace*) des métaux; un fil de cette substance de deux millimètres de diamètre peut supporter, sans se rompre, un poids de 250 kilogrammes.

42. Les substances (*dures*) ne sont pas quelquefois les moins fragiles; le verre en est un exemple.

43. Les nations (*barbares*) se sont généralement fait un devoir d'exercer l'hospitalité envers les étrangers.

44. Les baobabs sont (*gros*) de tous les arbres connus; il y en a qui mesurent plus de 29 mètres de circonférence.

45. L'homme (*philanthrope*) du commencement de ce siècle fut le duc de Larochefoucauld-Liancourt, qui fit

tant pour la propagation de la vaccine et de l'enseignement mutuel.

21. Exercice.

§ 34.— (Mettez au superlatif absolu les adjectifs des phrases suivantes.)

46. Une invention (*utile*) fut, sans contredit, celle des
bougies stéariques.

47. Certains champignons sont (*vénéneux*).

48. Périclès était (*bon*) orateur, en même temps qu'(*habile*) politique.

49. Quand les côtes de la mer sont (*escarpées*) et à pic,
on leur donne le nom de falaises.

50. Une intimité (*étroite*) régnait entre Socrate et
Platon.

Récapitulation des adjectifs.

22. LA PATIENCE ET L'ÉDUCATION CORRIGENT BIEN
DES DÉFAUTS.

Remplacez les points par un adjectif choisi dans la liste ci-dessous.

Bon,	Honteux,	Mignon,
Difforme,	Informe,	Petit,
Grand,	Joli,	Propre.
Hideux,	Laid,	

Une ourse avait un... (*opposé de grand*) ours qui venait
de naître. Il était horriblement ... (*opposé de beau*). On ne
reconnaissait en lui aucune figure d'animal : c'était une
masse ... (*sans forme*) et ... (*affreuse à voir*). L'ourse, toute...
(*idée de honte*) d'avoir un tel fils, va trouver sa voisine la
corneille, qui faisait ... (*idée de quantité*) bruit par son ca-
quet sous un arbre. « Que ferai-je, lui dit-elle, ma... (*terme
d'amitié*) commère, de ce monstre? J'ai envie de l'étrangler.
— Gardez-vous-en bien, dit la causeuse : j'ai vu d'autres
ourses dans le même embarras que vous. Allez, léchez

doucement votre fils; il sera bientôt ..., ..., et ... (3 *qualités*) à vous faire honneur. La mère crut facilement ce qu'on lui disait en faveur de son fils. Elle eut la patience de le lécher longtemps. Enfin, il commença à devenir moins ... (*qui a une vilaine forme*), et elle alla remercier la corneille en ces termes : si vous n'eussiez modéré mon impatience, j'aurais cruellement déchiré mon fils, qui fait maintenant tout le plaisir de ma vie.

Ah ! que l'impatience empêche de biens et cause de maux !

FÉNELON.

II.

(Remplacez les points par un adjectif choisi dans la liste ci-dessous.)

23. CHASSE DE DIANE.

Aigu,	Epais,	Horrible,	Rapide.
Ancien,	Escarpé,	Léger,	Sale.
Béant,	Etincelant,	Noir,	Sauvage.
Beau,	Faible,	Plein,	Sombre.
Clair,	Fameux,	Prêt,	Tranchant.
Dur (2 fois),	Furieux,	Prompt,	Voisin.
Effroyable,	Grand,	Pur,	

Il y avait dans le pays des Celtes, et assez près du ... (*idée de renommée*) séjour des Druides, une ... (*obscurité*) forêt dont les chênes, aussi ... (*âge*) que la terre, avaient vu les eaux du déluge, et conservaient sous leurs ... (*touffus*) rameaux une profonde nuit au milieu du jour. Dans cette forêt reculée était une ... (*beauté*) fontaine plus ... (*transparence*) que le cristal. Diane allait souvent percer de ses traits des cerfs et des daims dans cette forêt pleine de rochers ... (*qui va en pente*) et ... (*inculte*). Après avoir chassé avec ardeur, elle allait se plonger dans les ... (*transparence*) eaux de la fontaine. Un jour, Diane chassa en ces lieux un sanglier plus ... (*taille*) que celui de Calydon. Son dos était armé d'une soie ... (*dureté*) aussi hérissée et aussi ... (*affreuse à voir*) que les piques d'un bataillon. Ses yeux

... (*eclat*) étaient ... (*remplis*) de sang et de feu. Il jetait d'une gueule,.. (*ouverte*) et enflammée une écume mêlée d'un sang ... (*couleur*). Sa hure ressemblait à la proue recourbée d'un navire. Il était ... (*malproprete*) et couvert de la boue de sa bauge où il s'était vautré. Le souffle brûlant de sa gueule agitait l'air tout autour de lui et faisait un bruit ... (*qui effrayait*).

---

24. Suite.

Il s'élançait ... (*vitesse*) comme la foudre; il renversait les moissons dorées et ravageait toutes les campagnes ... (*qui etaient proches*). Il coupait les ... (*elevation*) tiges des arbres les plus ... (*dureté*) pour aiguiser ses défenses contre leurs troncs. Ses défenses étaient ... (*en pointe*) et ... (*qui coupe*) comme les glaives recourbés des Perses. Les laboureurs épouvantés se réfugiaient dans leurs villages. Les bergers, oubliant leurs ... (*sans force*) troupeaux errants dans les pâturages, couraient vers leurs cabanes. Les chasseurs consternés n'osaient entrer dans la forêt. Diane seule, ayant pitié de ce pays, s'avance avec son carquois doré et ses flèches. Elle est dans sa course plus ... (*oppose de lourd*) que les zéphyrs, et plus ... (*vitesse*) [1], que les éclairs. Elle atteint le monstre ... (*idee de colère*) et le perce d'une de ses flèches. Le voilà qui se roule dans les flots de son sang; il pousse des cris dont toute la forêt retentit, et montre en vain ses défenses ... (*disposees de manière*) à déchirer ses ennemis. Diane s'avance, met le pied sur sa tête, enfonce son dard, et se retire charmée d'avoir délivré les campagnes de ce monstre.

---

(1) C'est pour la seconde fois que l'idée de vitesse se présente dans l'exercice; ce serait faire une faute contre l'élégance que d'employer deux fois le même mot pour rendre la même idée exprimée à quelques lignes de distance; l'élève cherchera donc dans la liste l'adjectif qui convient le mieux.

Adjectifs déterminatifs.

§§ 35-40 — (Transcrivez l'exercice suivant en indiquant entre parenthèses la nature de chaque déterminatif.)

25. L'AGE DE CERTAINS ARBRES.

51. A *l'*entrée *du* village de Trons, dans *le* canton *des* Grisons, *on* montre *un* érable faux-platane *qui* jouit dans *toute l'*Helvétie *d'une* grande célébrité. *On* assure que ce fut sous *cet* arbre que *les* premiers confédérés suisses jurèrent en 1424 de donner *la* liberté à *leur* pays. *Ce* vénérable témoin de *cet* acte solennel est âgé aujourd'hui de plus de *cinq cents* ans.

52. *On* fait voir à Rome *au* couvent de Sainte-Sabine *un* oranger planté en 1200 par saint Dominique.

53. Non loin de Courmayeur, dans *les* Alpes, il existe *un* sapin connu *des* habitants *du* pays sous *le* nom d'Écurie *des* chamois, parce qu'*il* sert d'abri à *ces* animaux pendant l'hiver. *Ce* sapin, vraiment gigantesque, n'est pas âgé de moins de *douze cents* ans.

54. *Un* bûcheron abattit dans *les* Ardennes *un* vieux chêne dans *le* tronc *duquel on* trouva *quelques* débris de vases destinés *aux* sacrifices et *des* médailles ou monnaies samnites remontant à *l'*an 276 avant *la* fondation de Rome. Comme *on* peut fort bien enfouir *des* médailles longtemps après qu'*elles* ont été frappées, *on* n'est pas en droit de conclure que *ce* chêne est contemporain de *l'*époque reculée *que nous* venons de citer. Toutefois, *les* calculs les plus modérés établissent qu'*il* devait déjà subsister *au* moment de *l'*invasion *des* barbares, *ce qui lui* donne au moins *quinze* à *seize cents* ans d'existence.

55. Le plus ancien olivier de l'Europe se voit *au* quartier de Beaulieu, près de Nice. *Son* tronc a *douze* mètres *cinquante* centimètres de circonférence à *la* base, et *sa* hauteur atteint près de *trois* mètres. Malgré *son* état de décrépitude, *cet* arbre, *le* vétéran de *son* espèce, présente encore *un* aspect imposant. *Il* produisait jadis jusqu'à cent cinquante kilogrammes d'huile *chaque* année. Il paraît âgé de plus de *mille* ans.

56. Enfin mentionnons encore *le* fameux dragonnier de *l'*Orotava dans *les* îles Canaries. A *l'*époque de *la* conquête de Ténériffe en 1496, *cet* arbre, objet de *la* vénération *des* Guanches, était presque aussi gros qu'à présent. *Il* mesure plus de *quinze* mètres à *la* base. *On* peut, sans exagération, lui accorder *un* âge d'au moins *six mille* ans.

DU PRONOM.

Pronoms personnels.

26. L'ÉCHO.

§§ 51-56. — (L'élève mettra les pronoms personnels à la personne, au genre ou au nombre convenables.)

§ 51-55. Monsieur, dites (1re p. sing.) donc quelle est la cause des échos ! Hier (1re p. pl.) étions dans la forêt, en face du chemin qui conduit à la vieille tour : Charles (3e p. pr. réfl.) est mis à crier de toute sa force, et le son de sa voix a été répété sur-le-champ; (1re p. pl.) avons recommencé et toujours l'écho (1re p. pl.) a répondu. (1re p. pl.) étant rapprochés, (3e p. sing.) est devenu plus prompt à (1re p. pl.) répondre, et tout près, (3e p. sing.) ne répondait plus. En revenant (1re p. pl.) avons rencontré la vieille Gervais; (2e p. pl.) savez que dans le village (3e p. sing. fém.) passe pour sorcière; on dit qu'(3e p. sing. fém.) connaît des remèdes pour toutes les maladies, et les plus étranges secrets; elle (1re p. pl.) a parlé de l'écho en (3e p. sing. pr. réfl.) signant, et (1re p. pl.) a engagés à ne pas aller (3e p. sing.) faire parler, disant que c'était la voix d'une grande dame qui fut assassinée dans cette tour, et dont l'âme y revient. Pour mon compte, (1re p. sing.) n'y retournerai plus.

Et (2e p. sing.) auras tort, mon enfant, vas-y si l'écho (2e p. sing.) amuse; car c'est un phénomène tout naturel, et qui ne doit en aucune façon (2e p. sing.) effrayer. — Dites

(1re p. sing.) donc ce qui (3° p. sing.) cause, monsieur ? —
Rien n'est plus simple : quand (2° p. sing.) lances une balle
contre un mur, tu (3° p. sing. fém.) vois revenir à (2° p.
sing.); eh bien! trois choses, la lumière, la chaleur et le
son, ont la même propriété, et reviennent sur leurs pas à
la rencontre d'un obstacle. Lors donc que (2° p. sing.) cries
du côté de la vieille tour, ta voix va (3° p. sing. fém.) frapper, puis revient sur (2° p. sing.), et (2° p. sing.) l'entends
de nouveau. Mais il faut, pour que le phénomène (2° p.
sing. pr. réfl.) produise, que l'obstacle ne renvoie pas ta
voix dans une autre direction, ou que (2° p. sing.) n'en sois
pas trop près, auquel cas la voix (2° p. sing.) revenant trop
vite, (2° p. sing.) n'aurais pas le temps de (3° p. sing. fém.)
distinguer de ton propre cri, et il n'y aurait pas d'écho.

---

27. NAUFRAGE DE L'AIGLE.

(L'élève analysera les pronoms personnels, il indiquera la nature des adjectifs
déterminatifs soulignés ainsi que les antécédents des pronoms relatifs.)

En 1833, *un* navire américain, l'Aigle, *s*'échoua sur des
récifs, auprès des îles Barbades. La chaloupe fut aussitôt
mise à la mer, et *tous* les matelots, *se* jetant à la nage,
s'empressèrent, pour gagner la terre, *dont on* apercevait les
côtes, de monter dans la chaloupe; mais *leur* précipitation
fut si grande, que *celle-ci* chavira. Le lieutenant Smith
ordonna à *ses* hommes de *se* tenir aux sabords du navire,
afin qu'*ils* pussent monter les *uns* après les *autres*. Tout à
coup, un cri terrible *se* fit entendre : les requins !...En effet,
une quinzaine de *ces* monstres *s*'avançaient vers la chaloupe. Les matelots *s*'effrayent, *ils* montent à la hâte, *ils*
chavirent de nouveau, et les requins *s*'approchent pour *se*
saisir de *leur* proie; l'un d'*eux* coupe la jambe d'*un* ma-
telot; le goût du sang *les* excite. Le lieutenant Smith
ordonne à *ses* hommes d'agiter les jambes pour battre
l'eau et faire fuir les monstres, mais *lui-même*, oubliant
le conseil qu'*il* donne, a les deux jambes emportées et dis-
parait.

Alors la panique *se* met parmi *ces* malheureux ; tandis que *ceux-ci* dévorés vivants, poussent des cris déchirants, *ceux-là se* laissent couler, préférant une prompte mort à une lente agonie. Enfin, sur *quatre-vingts* matelots *dont se* composait l'équipage, *il* y *en* eut seulement *deux qui*, montés sur la quille de la chaloupe, parvinrent à échapper au massacre. *Ils* passèrent *trente-six* heures en proie aux tortures de la faim et de la soif ; au bout de *cet* intervalle, *ils* aperçurent un navire ; mais ceux *qui le* montaient ne *les* virent pas. Alors *celui* des deux *qui* avait encore le plus de forces *se* jeta à la nage ; après des efforts inouïs, *il* parvint à *ce* vaisseau, *il* y fut recueilli, et *lui* et son compagnon furent sauvés.

SUJET DU VERBE.

28. Exercice.

§ 60. — (Pour chaque verbe, écrivez la question qu'il faut faire afin d'en trouver le sujet, et mettez la réponse.)

Exemple : *L'enfant a reçu une récompense :* Qui est-ce qui a reçu ? — Réponse : l'enfant.

57. L'enfant a reçu une récompense.

58. Corneille et Racine composèrent des tragédies.

59. Je traduis l'Enéide de Virgile.

60. Si tu donnes ton superflu aux pauvres, Dieu te le rendra au centuple.

61. Souffler n'est pas jouer.

62. Nous mourrons tous tôt ou tard.

63. Le roi et le berger sont égaux devant Dieu.

64. Pendant deux siècles, les Grecs de l'Asie ne furent occupés qu'à porter, user, briser et reprendre leurs chaînes.

65. Le 21 décembre, nous entrerons en hiver.

66. Il faut que nous travaillions pour vivre.

67. Il est indispensable de savoir nager.

68. Avant d'attaquer Crésus, Cyrus proposa aux colonies grecques de l'Asie Mineure de joindre leurs armes aux siennes ; mais ils s'y refusèrent.

Complément direct.

29. Exercice.

§ 61, I. —(Pour chaque verbe, écrivez la question qu'il faut faire afin d'en trouver le complément direct, et mettez la reponse.)

Exemple : *J'ai reçu hier une lettre de mon pere;* J'ai reçu quoi? Reponse · Une lettre.

69. J'ai reçu hier une lettre de mon père.

70. En peu d'années, Eschyle et Sophocle portèrent la tragédie à sa plus haute perfection.

71. Ne prenez ni or, ni argent, ni monnaie dans vos ceintures.

72. Vous me préviendrez au moment de votre départ.

73. Je t'avertis de prendre garde à toi.

74. Tous les enfants aiment à jouer (§ 217), courir, sauter, se promener.

75. Cherchez à mériter l'estime de tout le monde.

76. Si vous me procurez du pain, du vin, du fromage et des fruits, je ferai un excellent déjeuner.

77. Nous avons traversé des circonstances bien pénibles.

78. Le cheval est la plus noble conquête que l'homme ait jamais faite.

79. Je veux que vous vous appliquiez à l'étude de la géographie et que vous la possédiez à fond.

80. On a reçu d'Égypte les hippopotames que nous avons vus au Jardin des Plantes.

Complément indirect.

30. Exercice.

§ 61, II. —(Pour chaque verbe, écrivez la question qu'il faut faire afin d'en trouver le complément indirect, et mettez la reponse.)

Exemple : *Babylone a été prise par Cyrus et plus tard par Darius, fils d'Hystaspe.* Babylone a ete prise par qui? par *Cyrus,* et par qui? et par *Darius.*

81. La semaine sainte, on tire la crécelle de l'armoire sacrée.

82. Je m'adonne à l'étude de la géologie.

83. Des voleurs ont dépouillé ces vieillards de ce qu'ils possédaient.

84. Mourir pour la patrie est le sort le plus beau.

85. Depuis longtemps, vous n'obéissez plus qu'à vos passions.

86. Employez tous vos loisirs à étudier.

87. Adorons Celui qui règne dans les cieux et de qui relèvent tous les empires, à qui seul appartiennent la gloire, la majesté et l'indépendance.

88. Le général est parti avec le roi.

89. Par qui avez-vous été instruit de cette aventure?

90. Il y a des gens nés sous une si heureuse étoile qu'ils sont aimés de tout le monde.

91. L'alouette s'envole directement vers les cieux.

92. Carthage fut détruite par Scipion l'Africain.

Complément circonstanciel.

51. Exercice.

§ 61, III.— (Pour chaque verbe qui l'exige, écrivez les questions qu'il faut faire et joignez-y les réponses)

Exemple : *J'irai demain à Paris; J'irai où ?* A Paris. *Quand?* Demain.

93. Bien des gens s'attribuent des mérites qu'ils n'ont pas, par la raison que l'on aime toujours à se flatter soi-même.

94. Après avoir passé quelques jours à Phocée, nous entrâmes dans ces vastes et riches campagnes que l'Hermus arrose de ses eaux, et qui s'étendent depuis les rivages de la mer jusqu'au delà de Sardes.

95. Toutes les nuits que j'ai veillé (§ 202), vous avez dormi.

96. La nuit, si quelque chat faisait du bruit, le chat prenait l'argent.

97. Dieu rendra à chacun selon ses œuvres.

98. On achète toujours trop cher ce qui n'est pas nécessaire.

99. Ne remets pas à demain ce que tu peux faire aujourd'hui.

100. Une procession de gais convives porterait en chantant les apprêts du festin.

101. L'envie a dans le cœur un serpent qui la ronge.

102. Angers a été surnommée la ville noire, parce que presque toutes ses maisons sont couvertes en ardoises.

103. En Tartarie, quand le Khan a dîné, un héraut crie que tous les potentats de la terre peuvent en faire autant.

104. Hier, dans la forêt, nous avons aperçu un cerf.

105. Il y a de l'eau dans ce verre.

***

Récapitulation sur le sujet et les compléments du verbe.

Indiquez à la suite de chaque verbe souligné : 1º le sujet, 2º le complément direct, 3º le complément indirect, 4º le complément circonstanciel.

Exemples : Régnait. — Sujet. *qui.* — Compléments circonstanciels. *Allemagne, milieu.*

S'était retiré, pour *avait retiré soi.* — Sujet. *Celui-ci.* — Complément direct. *Soi.* — Complément indirect. *Femme.* — Complément circonstanciel. *Ville.*

32. LES FEMMES DE WEINSBERG.

L'empereur Conrad III, qui *régnait* en Allemagne vers le milieu du xiie siècle, *était* en guerre avec le duc de Wurtemberg, l'un de ses vassaux. Celui-ci s'*était retiré* avec sa femme dans la petite ville de Weinsberg, dont l'empereur *était venu* immédiatement faire le siége. Conrad *avait espéré* pouvoir s'emparer facilement de cette place, qu'il *regardait* comme une bicoque, mais il *avait compté* sans le courage de son adversaire, et celui-ci se *défendait* avec une vigueur et un acharnement dont l'histoire *offre* peu d'exemples. A la fin cependant, il *fut contraint* de se rendre à discrétion. Les femmes de Weinsberg *députèrent* vers Conrad quelques-unes d'entre elles, pour obtenir la permission de sortir de la ville en emportant ce qu'elles *auraient* de plus précieux. L'empereur y *consentit* volontiers, car il se piquait de courtoisie et de savoir-vivre; mais quel ne (*fut*) pas son étonnement, quand il (*vit*) de quelle façon les dames de Weinsberg *profitaient* de la faveur qu'il leur *avait accordée*. Le lendemain matin, elles *sortirent* toutes de la ville, emportant leurs maris sur leurs épaules. La duchesse de Wurtemberg *venait* en tête, avec le duc, et c'était justice; car c'était elle qui *avait imaginé* ce stratagème et qui l'*avait conseillé* aux autres. L'empereur Conrad *essaya* bien de revenir sur sa promesse; mais, à la fin, saisi d'admiration pour le dévouement et la présence d'esprit des dames de Weinsberg, il *oublia* ses griefs contre les maris, *renonça* à ses projets de vengeance, et *accorda* grâce pleine et entière à tout le monde.

Des temps.

§§ 65-69. — (Indiquer à la suite de chaque verbe souligné le temps auquel il se trouve. Exemple : *Avait*, imparfait.— *Croit*, présent. — *Etaient*, imparfait.

33. LES TROGLODYTES.

Il y *avait* en Arabie, si l'on en *croit* les anciens historiens, un peuple composé de petits hommes appelés Troglodytes. Ils *étaient* si méchants et si féroces qu'ils *conspirèrent* contre leur roi, quoiqu'il les *gouvernât* avec beaucoup de sagesse et d'équité, et qu'ils *exterminèrent* toute la famille royale. Le coup *étant fait*, ils *créèrent* des magistrats pour *gérer* les affaires publiques; mais à peine les *eurent-ils élus*, qu'ils les *massacrèrent* encore. Ensuite, tous les particuliers *convinrent* qu'ils n'*obéiraient* plus à personne, que chacun *veillerait* uniquement à ses intérêts, sans *consulter* ceux des autres.

Au moment d'*ensemencer* les terres, chacun *dit* : je ne *labourerai* mon champ que pour qu'il me fournisse le blé qu'il me *faut* pour me *nourrir* : une plus grande quantité me *serait* inutile, je ne *prendrai* point de la peine pour rien.

Il s'en *fallait* de beaucoup que les terres de ce petit royaume *fussent* de même nature : il y en *avait* d'arides et de montagneuses, et d'autres extrêmement marécageuses. Cette année, la sécheresse *fut* très-grande, de manière que les terres qui *étaient* dans les lieux élevés *manquèrent* absolument, tandis que celles qui *purent être arrosées furent* très-fertiles.

Ainsi, les habitants des montagnes *périrent* presque tous de faim par la dureté des autres, qui leur *refusèrent* de *partager* la récolte.

------

54. Les Troglodytes (suite).

L'année d'ensuite *fut* très-pluvieuse : les lieux élevés se *trouvèrent* d'une fertilité extraordinaire, et les terres basses furent submergées. La moitié du peuple *cria* une seconde fois famine; mais ces misérables *trouvèrent* des gens aussi durs qu'ils *avaient été* eux-mêmes.

Cependant une maladie cruelle *ravageait* la contrée : un médecin habile y *arriva* du pays voisin, et *donna* des remèdes si à propos, qu'il *guérit* tous ceux qui se *mirent* dans ses mains. Quand la maladie *eut cessé*, il *alla* chez les gens qu'il *avait traités*, afin qu'ils lui *payassent* son salaire; mais qui *l'eût cru?* il n'*éprouva* partout que des refus. Il *retourna* dans son pays, et il y *arriva* accablé de fatigue d'un si long voyage. Mais, bientôt après, il *apprit* que la même maladie se *faisait sentir* de nouveau, et *affligeait* plus que jamais cette terre ingrate. Ils *allèrent* à lui cette fois, et n'*attendirent* pas qu'il *vînt* chez eux. «*Allez*, leur *dit-il*, hommes injustes, vous *avez* dans l'âme un poison plus mortel que celui dont vous *voudriez* que je vous *guérisse*; vous ne *méritez* pas d'occuper une place sur la terre. Je *croirais offenser* les dieux qui vous *punissent* si je m'*opposais* à la justice de leur colère. » Les Troglodytes *périrent* ainsi par leur méchanceté même, et *furent* les victimes de leurs propres injustices.

(D'après Montesquieu.)

Des modes.

§§ 70-71. — (Indiquer à la suite de chaque verbe le mode auquel il se trouve.)
Exemple : *Avait* (indicatif). — *Endurer* (infinitif). — *Alla* (indicatif), etc.

35. JUPITER ET LA BREBIS (Fable).

La brebis *avait* à *endurer* toutes sortes de mauvais traitements de la part des autres animaux. Elle *alla trouver* Jupiter, et *demanda* qu'il *voulût* bien *alléger* ses souffrances. Le maître des dieux *accueillit* la brebis avec une grande bienveillance, et lui *dit* : « Je *vois* bien, douce et bonne créature, que je ne *t'ai* pas *pourvue* suffisamment d'armes défensives ; mais, *voyons, examinons* ensemble comment nous *pourrions* nous y *prendre* pour *réparer* cette omission. Si *j'armais* ta mâchoire de dents aiguës et tranchantes ? si je *garnissais* tes pieds de griffes robustes et acérées ? — Au nom du ciel, *abstenez*-vous-en, *répondit* la brebis ; pour rien au monde je ne *voudrais ressembler* aux bêtes féroces. — Eh bien ! alors, *veux-tu*, *poursuivit* Jupiter, que je *rende* ta salive venimeuse ? — Hélas ! *repartit* la moutonnière créature, on *m'envelopperait* dans la réprobation dont on *frappe* les serpents venimeux. Plutôt *endurer* mille morts ! — S'il en *est* ainsi, il *faut* que je *munisse* ton front de cornes redoutables, et que je *communique* aux muscles de ton cou et de tes épaules une puissance et une vigueur irrésistibles. — Encore moins, excellent père, *s'écria* la brebis ; dans ce cas, il ne me *serait* que trop facile de *devenir* aussi agressive que le bouc. — Cependant, *fit* Jupiter, il *est* de toute nécessité que tu *puisses faire sentir* l'aiguillon de la douleur aux animaux qui *voudraient t'attaquer*. — Si c'est à ce prix, bon père, que j'*obtiendrai* la sécurité, oh ! *laisse*-moi telle que je *suis* ; car le pouvoir de *nuire*, je ne le *crains* que trop, m'en *inspirerait* le désir. *J'aime* mieux *souffrir* le mal que de le *faire*. »

Jupiter *bénit* la brebis pour la *récompenser* des bons sentiments qu'elle *venait d'exprimer*, et celle-ci désormais ne se *plaignit* plus que la nature l'*eût livrée* sans défense à la dent meurtrière des animaux carnassiers.

Radical et terminaison.

56. Exercice.

§ 73. — (Dans tous les verbes, placez un tiret entre le radical et la terminaison.)
Exemple : *S'expos-ent, dévou-ent.*

106. Les chiens s'*exposent* pour leurs maîtres, et leur *devouent* à chaque instant leur infatigable intrépidité.

107. *Offrons* du moins aux malheureux des cœurs sensibles à leurs misères, *adoucissons* du moins par notre humanité le joug de l'indigence, si la médiocrité de notre fortune *empêche* que nous ne *soulagions* tout à fait nos frères.

108. Quand nous *traversâmes* en bateau à vapeur les canaux de la Hollande, nous ne pûmes assez *admirer* le travail patient qui avait conquis toute cette contrée sur les flots de la mer.

109. Ne nous *ménageons* pas, voyons sans indulgence l'état de notre conscience.

110. Si vous *réfléchissiez* à la délicatesse des organes qui *fonctionnent* dans l'intérieur de notre corps, à leur multiplicité, aux innombrables causes de dérangement qui peuvent en troubler l'harmonie, vous vous *demanderiez* par quel miracle la machine humaine *subsiste* quelquefois plus de cent années.

111. Lorsque nous *voyagions* dans les montagnes de l'Atlas, nous *avions* toujours soin de nous bien *vêtir* le matin et le soir, à cause de la fraîcheur qui *règne* à ces deux instants de la journée.

112. Pourvu que vous *fuyiez* les occasions qui se *présenteraient* à vous de perdre votre temps, vous en *trouverez* toujours assez pour vous *instruire*.

113. Il *importerait* qu'on *exécutât* des travaux de dessèchement dans tous les lieux où *croupissent* ces eaux stagnantes, qui *constituent* un foyer d'infection pour tous les lieux environnants.

114. Je *désirerais* que tu *écoutasses* avec déférence les observations de tes supérieurs.

115. Quand nous irons à Marseille, nous en *rapporte-*

rons une caisse de savon et une barrique d'huile d'olive.

116. Vous vous *trompiez* étrangement, lorsque vous croyiez que l'on ne *pouvait* fondre le charbon.

117. Nous *accourûmes* aux cris que *poussaient* deux malheureux, qui *couraient* le risque de se *noyer* en se *baignant* dans la rivière.

118. C'est pendant la nuit et à la suite des pluies chaudes de l'été que les crapauds *sortent* de leur retraite.

119. Sans doute vous *versâtes* des larmes quand vous *aperçûtes* les rivages de votre patrie.

120. La majesté des arbres qui me *couvraient* de leur ombre, la délicatesse des arbustes que je *foulais* sous mes pieds, *tenaient* mon esprit dans une alternative continuelle d'observation et d'admiration.

EXERCICES
sur les difficultés que présente la conjugaison des verbes réguliers et irréguliers.

57. Exercice.

(Mettez au présent de l'indicatif les verbes entre parenthèses.)

121. Les pyramides d'Égypte, quand elles sont éclairées par la lune, (*projeter*) leur ombre à de grandes distances.

122. A mesure que nous (*avancer*) dans la vie, nous nous (*depouiller*) des illusions de notre jeunesse.

123. Le commerce (*fleurir*) par la liberté des échanges.

124. Les préparatifs d'un combat (*effrayer*) les âmes les plus intrépides.

125. Quand nous nous (*exercer*) à la marche, nous acquérons peu à peu la faculté de faire de longues courses sans nous fatiguer.

126. O homme! tu te (*hâter*) trop de sceller la tombe; une autre vie (*succéder*) à celle dont nous (*jouir*) ici-bas.

127. Il (*être*) naturel que les mères s'(*inquieter*) de la manière dont elles élèveront leurs enfants.

128. Il (*être*) bien des régisseurs qui (*prélever*) des pots-de-vin sur les marchés qu'ils concluent au nom de leurs maîtres.

129. Voilà ce qui s'(*appeler*) parler français.

130. Nos cavaliers (*harceler*) l'arrière-garde de l'ennemi.

131. Le voisin (*atteler*) ses chevaux à son carrosse.

132. Tous les patrimoines se (*morceler*) à la mort du père de famille, par la raison qu'on les (*partager*) entre tous les enfants.

133. Nous ne (*balancer*) jamais quand il s'(*agir*) de remplir un devoir.

134. Nous nous (*arranger*) toujours de manière à avoir fini de bonne heure notre besogne.

135. Il (*interrompre*) continuellement sa lecture.

136. Nous (*bénir*) Dieu dans ses œuvres.

137. Je ne divulguerai point le secret que tu me (*révéler*).

138. Mettras-tu à la poste la lettre que tu (*cacheter*)?

139. Celui qui (*empiéter*) sur les biens d'autrui (*commettre*) une mauvaise action.

140. On (*emmener*) le coupable au supplice.

141. Les Orientaux (*exceller*) dans l'art de tremper l'acier.

142. Les impôts se (*percevoir*) avec une régularité extrême.

143. A Londres, les personnes qui (*aller*) dans un certain sens ne se croisent jamais avec celles qui (*venir*) du côté opposé, attendu que les premiers marchent sur l'un des trottoirs de la rue et les autres sur l'autre.

144. La faculté de faire rapidement de longs calculs ne s'(*acquérir*) que par une longue pratique.

145. Tous les liquides ne (*bouillir*) pas à la même température. Par exemple, l'éther sulfurique (*bouillir*) à 35 degrés et demi, l'alcool ou esprit-de-vin à 78 degrés quatre dixièmes, et l'eau à 100 degrés.

146. On (*cueillir*) les nèfles avant leur maturité, et on les laisse ensuite mûrir sur la paille.

147. En architecture, la moulure appelée filet ou listel (*saillir*) d'une quantité égale à sa hauteur.

EX. ORTHOGRAPHIQUES.   2

148. L'Écriture sainte déclare que celui qui (*semer*) dans les larmes, (*recueillir*) dans l'allégresse.

149. Dans les voitures américaines, le conducteur s'(*asscoir*) derrière la voiture.

150. Dans la plupart des occasions, celui qui (*vouloir*) (*pouvoir*).

151. Il ne (*falloir*) pas confondre l'état des animaux qui hibernent avec celui où ils se trouvent quand ils (*dormir*).

152. En général, un animal (*mourir*) quand il a atteint un âge quadruple de celui qu'il possède au moment où il est parvenu à tout son développement.

153. Le Rhin (*sortir*) du glacier de la Furca en Suisse, et se jette dans la mer du Nord par plusieurs embouchures.

154. Les rives du Bosphore (*offrir*) peut-être le plus beau point de vue de l'univers.

155. Un tient (*valoir*), ce dit-on, mieux que deux tu l'auras; l'un est sûr, l'autre ne l'est pas.

156. Celui qui (*savoir*) dessiner, (*pouvoir*) se faire comprendre dans tous les pays.

157. Nous autres Français, nous (*boire*) du vin à nos repas; les Allemands (*boire*) de la bière, les Polonais de l'eau.

158. Quand un Gallo-Romain portait la santé de quelqu'un, il lui disait: Je (*boire*) à toi, bien à toi.

159. Il existe un proverbe qui dit: Un homme qui (*connaître*) quatre langues vaut quatre hommes.

160. Les chênes (*croître*) fort lentement: l'acacia (*croître*) très-vite.

161. Certains hommes (*coudre*) la peau du renard avec celle du lion.

162. Si vous (*dire*) que l'architecture gothique ne (*pouvoir*) être belle par la raison qu'elle diffère de la grecque, vous raisonnez comme celui qui affirme qu'on ne (*pouvoir*) faire un bon poëme épique, attendu que l'on a déjà fait l'*Iliade* et l'*Odyssée*.

163. Les personnes qui (*moudre*) elles-mêmes leur café sont assurées de le prendre pur de toute sophistication.

164. Le chêne dit au roseau : Vous (*naître*) le plus souvent sur les humides bords des royaumes du vent.

165. Celui qui (*suivre*) la ligne droite, n'arrive pas tou jours le premier.

166. Il est des figures qui (*plaire*), sans que l'on puisse dire pourquoi.

167. Celui qui (*vaincre*) ses passions, remporte la plus difficile des victoires.

---

58. Exercice.

(Mettez à l'imparfait de l'indicatif les verbes entre parenthèses.)

168. Nous (*côtoyer*) les bords de la mer, quand tout à coup nous aperçûmes les débris d'un navire.

169. On assure que les îles Baléares doivent leur nom à l'habileté avec laquelle leurs anciens habitants (*lancer*) des pierres au moyen de leurs frondes.

170. Qu'aviez-vous donc hier ? Vous (*crier*) à tue-tête.

171. Quand la Grèce (*fleurir*), tout l'occident de l'Europe (*être*) plongé dans la barbarie.

172. En revenant de la campagne, nous (*plier*) sous le poids des fruits que nous avions cueillis.

173. En vain vous (*essayer*) de vous disculper, vous n'y pouviez parvenir, parce que les faits (*parler*) contre vous.

174. Vous (*nettoyer*) votre fusil au moment où je (*passer*).

175. Je n'(*avancer*) qu'en tremblant sur ce terrain fangeux.

176. (*Manger*)-tu de bon pain en Allemagne ?

177. Les seigneurs féodaux s'(*arroger*) tous les droits imaginables.

178. Les anciens Germains (*plonger*) leurs enfants nouveau-nés dans l'eau froide.

179. C'est de l'urine que nous (*extraire*) autrefois le phosphore; nous le retirons aujourd'hui des os des animaux.

180. Je (*remplacer*) mon frère, absent pour cause de maladie.

181. Si vous (*prier*) Dieu avec assez de ferveur, il vous exaucerait.

182. Nous (*supplier*) en vain les pirates de nous laisser libres après nous avoir dépouillés ; ils n'y voulurent point consentir.

183. O Athéniens, comme vous (*être*) les plus sensibles des Grecs, vous vous (*montrer*) aussi, dans les occasions graves, les plus pieux et les plus reconnaissants. C'est ainsi que, tous les ans, en souvenir de la victoire remportée jadis par Thésée sur le Minotaure, vous (*envoyer*) à Délos une députation chargée d'offrir à Apollon un sacrifice solennel.

184. Les chevaliers de Rhodes, tout en se consacrant au service des autels, (*ceindre*) l'épée et (*revêtir*) la cuirasse.

185. Mon frère et moi nous nous (*asseoir*) à l'ombre d'un hêtre séculaire, et là nous (*lire*) les plus beaux passages des œuvres de Bernardin de Saint-Pierre.

186. Dans nos voyages à travers le monde, nous (*boire*) tantôt le vin des Européens, tantôt l'arack des Indiens, tantôt le roumiss que les Mongols (*obtenir*) par la fermentation du lait, tantôt l'hydromel dont (*s'enivrer*) les paysans slaves ; quelquefois même nous (*goûter*) au kava que (*fabriquer*) tous les Polynésiens.

187. Bien avant César, les Gaulois (*connaître*) l'art de tremper le bronze et de revêtir les objets de minces plaques d'argent.

188. La muse, interrogée sur la cause des beautés qui étincellent dans les œuvres d'Homère, répondit : Je (*chanter*), le poëte (*écrire*).

189. Les Grecs, partis sans Achille pour le siége de Troie, se (*dire*) les uns aux autres : Si nous nous (*adjoindre*) ce héros, nous serions invincibles.

190. Les femmes gauloises (*prendre*) un soin extrême de leur chevelure.

191. A Délos, dans le temple d'Apollon, on (*voir*) un autel de forme cubique composé de cornes d'animaux entrelacées. La peste ravageant cette île, et la guerre déchirant la Grèce, l'oracle consulté répondit que ces fléaux

cesseraient si les Grecs (*faire*) cet autel une fois plus grand. Ceux-ci crurent qu'il (*suffire*) de l'augmenter du double en tous sens ; mais ils virent avec étonnement qu'ils (*construire*) une masse énorme, qui (*contenir*) huit fois l'autel primitif. A la fin, ils consultèrent Platon, qui (*revenir*) d'Égypte. Mais au moment où ce dernier (*résoudre*) mécaniquement le problème, la peste avait cessé.

------

39. Exercice.

(Mettez au passé défini les verbes entre parenthèses.)

192. Je m'(*avancer*) le plus près que je (*pouvoir*) du village incendié.

193. Tu (*être*) sans doute bien contrarié quand tu (*recevoir*) l'ordre de t'embarquer sur-'e champ.

194. Duillius, qui (*concevoir*) le dessein d'armer les vaisseaux romains de crampons de fer au moyen desquels on pouvait arrêter les galères carthaginoises, (*être*) le premier de sa nation qui (*remporter*) une victoire navale. C'est en mémoire de cet événement que les Romains (*elever*) la colonne rostrale.

195. Pendant mon séjour à Rome j'(*aller*) visiter la fontaine Égérie.

196. Les premiers savants anglais qui, comme Wilson, (*acquérir*) la connaissance de la langue sanscrite, furent prodigieusement étonnés de la ressemblance qu'ils (*trouver*) entre cet antique idiome et les langues grecque et latine.

197. Quand Brutus (*mourir*), toutes les dames romaines (*prendre*) le deuil, comme si elles eussent perdu quelqu'un des leurs.

198 Dans notre ascension aérostatique, nous (*sortir*) bientôt de la région des nuages, et nous (*parvenir*) en moins d'un quart d'heure à une élévation où jamais homme au monde n'était arrivé.

199. Les rats (*tenir*) un conseil, dans lequel ils (*résoudre*) d'attacher un grelot au cou de Rodilard.

200. On connaît la relation laconique de la campagne de César en Asie : Je (*venir*), je (*voir*), je (*vaincre*).

201. Marius, chassé de Rome, s'(*enfuir*) en Afrique. C'est pendant cet exil qu'il s'(*asseoir*) sur les ruines de Carthage, faisant de profondes réflexions sur les vicissitudes des choses humaines. Bientôt il s'en (*voir*) expulsé par ordre du préteur de la province.

202. Nous ne (*pouvoir*) retenir nos larmes, quand nous (*lire*) l'histoire de l'infortunée Marie Stuart.

203. Quand Jésus (*paraître*) dans le temple au milieu des docteurs, il les (*étonner*) par sa sagesse.

204. C'est à Rouen que Jeanne Darc (*comparaître*) devant un tribunal anglais, qui la (*condamner*) à être brûlée vive.

205. Socrate (*boire*) la ciguë sans maudire les juges qui l'avaient condamné, bien qu'il fût innocent.

206. De l'observation que (*faire*) Rœmer sur les éclipses des satellites de Jupiter, cet astronome (*conclure*) que la lumière parcourt environ 70 000 lieues par seconde.

207. Les richesses de l'Espagne s'(*accroître*) prodigieusement par suite de la découverte des deux Amériques.

208. Anne de Boleyn, condamnée à mort, (*écrire*) vainement à Henri VIII, son mari, pour obtenir sa grâce.

209. Sous Louis XIV, les Français (*faire*) en quelques jours la conquête de la Franche-Comté.

210. Lorsque Christophe Colomb et ses compagnons (*partir*) pour la découverte du Nouveau-Monde, ils (*mettre*) à la voile au petit port de Palos, en Andalousie.

211. Ce fut l'an 711 de notre ère que les Arabes (*conquérir*) l'Espagne sur les Visigoths, dont ils (*vaincre*) le dernier roi Roderic à la bataille de Xérès de la Frontera.

212. Les Numantins, assiégés par Scipion, (*résoudre*) de s'ensevelir sous les ruines fumantes de leur ville, plutôt que de se soumettre aux Romains.

213. Les naturalistes nous ont conservé l'histoire du noble vénitien Louis Cornaro qui, au dire des médecins, ne devait pas atteindre sa trente-troisième année, et qui (*vivre*) jusqu'à cent six ans, grâce à la sévérité du régime auquel il se (*soumettre*).

40. Exercice.

(Mettez au passé indéfini les verbes entre parenthèses)

214. Depuis peu, nous (*acquérir*) des connaissances qui nous (*permettre*) de reconnaître les substances qui composent le soleil et les autres astres.

215. L'eau qui (*bouillir*) est privée de l'air qu'elle tenait en dissolution.

216. Saint Pierre (*mourir*) crucifié la tête en bas.

217. On (*offrir*) une récompense considérable à quiconque découvrirait un remède spécifique contre le choléra.

218. Dans toutes les branches des connaissances humaines, ceux qui (*ouvrir*) la voie, ont éprouvé bien plus de difficultés que ceux qui sont venus ensuite.

219. Après s'être avancés en France jusqu'à Valmy, en 1792, les Prussiens (*devoir*) battre en retraite devant l'armée de Dumouriez.

220. Dans la politique comme à la guerre, plus d'un habile homme (*savoir*) profiter des fautes de ses adversaires.

221. Les savants (*reconnaître*) qu'en ajoutant un peu de carbonate de soude aux eaux séléniteuses, on les rend propres à la cuisson des légumes et au savonnage.

222. Mucius Scævola ne pas (*craindre*) de laisser brûler sa main sur des charbons ardents.

223. Beaucoup d'auteurs (*écrire*) sur l'histoire de France; aucun ne le (*faire*) avec plus de talent et de vérité qu'Augustin Thierry.

224. Ceux qui (*entreprendre*) le percement de l'isthme de Suez (*rendre*) leur nom immortel.

225. Quelques indications vagues, données à Pascal encore enfant par son père, (*suffire*) à ce génie précoce pour trouver seul les premières propositions de la géométrie.

41. Exercice.

(Mettez au futur les verbes entre parenthèses.)

226. Si Dieu me prête vie, je (*aller*) visiter le cap Nord ainsi que la Finlande, cette terre aux merveilleux paysages.

227. Quand nous (*aller*) en Islande, nous y (*voir*) les geysers, sources jaillissantes d'eau bouillante qui sont, les unes continues et les autres intermittentes ; il en est quelques-unes qui, de demi-heure en demi-heure, lancent des colonnes d'eau qui ont jusqu'à six mètres de diamètre et cinquante mètres de hauteur.

228. Les explorateurs que les établissements scientifiques de l'Europe (*envoyer*) dans la Nouvelle-Hollande, et qui (*pouvoir*) pénétrer dans l'intérieur de ce continent, y (*faire*) sans aucun doute des découvertes intéressantes au point de vue de l'histoire naturelle.

229. Si nous nous livrons avec un certain soin à l'étude de l'entomologie, nous (*acquérir*) la certitude qu'elle n'est point une science de pure curiosité, mais qu'elle offre une foule d'applications à l'agriculture, à l'économie domestique et aux arts industriels.

230. Pour faire une infusion, vous (*mettre*) de l'eau sur le feu, et lorsqu'elle (*bouillir*), vous la (*retirer*) du foyer et vous (*jeter*) dedans une pincée de la matière à infuser.

231. Dieu dit à Adam : Si tu manges du fruit de l'arbre de la science du bien et du mal, tu (*mourir*).

232. C'est au mois de mai que (*fleurir*) le muguet et que les corolles du bluet (*commencer*) à s'épanouir.

233. Quand l'automne (*être*) venu, nous (*récolter*) les châtaignes, et nous (*ramasser*) les faînes dans la forêt.

234. Nous (*essayer*) d'acclimater chez nous les ignames de la Chine.

235. Désormais tout dictionnaire bien fait de la langue française (*contenir*), autant que possible, l'étymologie de tous les mots.

236. Quand (*venir*) l'hiver, nous (*dire*) adieu à la campagne et nous (*retourner*) à la ville où nous (*reprendre*) nos études interrompues.

237. Quiconque ne (*vouloir*) pas avancer dans la voie du progrès, ne (*pouvoir*) même pas demeurer stationnaire : il (*déchoir*) inévitablement.

238. Tu (*devoir*) travailler à réparer le temps perdu ; autrement il (*falloir*) que tu redoubles ta quatrième.

239. Que l'on donne un levier à Archimède, et il (*mouvoir*) la terre.

240. Quand tu (*savoir*) ce qu'il en coûte de peine aux hommes pour qu'ils se décident à admettre une vérité nouvelle, tu ne t'(*étonner*) plus de la lenteur des progrès.

241. En vain prétendez-vous que le succès (*absoudre*) bien des actes, le mal sera toujours le mal.

242. Le juste ne (*boire*) pas éternellement le calice d'amertume.

243. Le blé ne (*croître*) pas bien dans une terre qui ne (*contenir*) pas quelque élément sablonneux.

244. Sous Constantin, la légion thébaine, toute composée de chrétiens, avait pour étendard le *labarum*, sur lequel était figurée une croix surmontée de ces mots : Tu (*vaincre*) par ce signe.

245. Un vieux proverbe dit : qui (*vivre*) (*voir*).

246. Tu (*joindre*) la prudence du serpent à la simplicité de la colombe.

247. Nous (*créer*) de magnifiques jardins là où il n'y a encore que des terres arides et incultes.

248. Notre courage et notre persévérance (*suppléer*) aux forces qui nous manquent.

249. J'espère que vous (*employer*) toute l'intelligence que Dieu vous a départie, pour mener à bonne fin cette entreprise.

250. Tu (*nettoyer*) l'écurie et tu (*donner*) de l'avoine aux chevaux.

42. Exercice.

(Mettez au présent du conditionnel les verbes entre parenthèses)

251. Un boulet que l'on (*lancer*) avec une vitesse initiale de deux cents mètres par seconde, et qui (*conserver*) indéfiniment cette même vitesse, (*employer*) environ vingt-cinq ans pour parvenir jusqu'au soleil.

252. Vous vous (*fourvoyer*) étrangement si vous alliez vous figurer que la lune exerce réellement vers le mois de mars une influence fâcheuse sur la végétation.

253. Nous nous (*apitoyer*) sur le sort des hommes de génie, si nous savions au prix de quelles souffrances ils ont rendu leur nom immortel.

254. Les anciens (*crier*) au miracle, s'ils pouvaient revenir au monde et voir toutes les inventions qui ont eu lieu depuis deux siècles.

---

43. Exercice.

(Mettez à l'impératif les verbes entre parenthèses)

255. Le prêtre dit à l'âme réconciliée avec Dieu : (*aller*) en paix et ne pèche plus.

256. (*Envoyer*)-nous, Seigneur, votre esprit de mansuétude et de paix ; (*faire*) que toutes les nations soient sœurs et que le démon des combats ne trouble plus notre repos.

257. Le Seigneur a dit : (*Asseoir*)-vous à ma droite jusqu'à ce que j'aie réduit vos ennemis à vous servir de marche-pied.

258. (*Pourvoir*) sans relâche à la nourriture et à l'entretien des pauvres.

259. (*Savoir*) contenir notre langue, on ne se repent guère d'avoir gardé le silence.

260. Socrate, ramenant la philosophie à l'étude de la morale, avait adopté cette devise : (*connaître*)-toi toi-même.

261. (*Dire*)-nous si vous n'avez pas quelquefois souhaité

de voir défiler devant vos yeux tous les personnages célèbres qui ont vécu aux différentes époques de notre
histoire.

262. Ne (faire) pas aux autres ce que vous ne voudriez
point qu'ils vous fissent.

263. (Pendre)-toi, brave Crillon, nous avons combattu à
Arques et tu n'y étais pas.

264. (Aider)-toi, le ciel t'aidera.

265. (Aimer) et (honorer) tes parents et Dieu t'accordera
une longue vie.

266. Mon ami, (marcher), (voler) où l'honneur t'appelle.

267. Après que les trois cents Spartiates se furent dé-
voués aux Thermopyles pour le salut de la Grèce, leurs
compatriotes leur élevèrent un tombeau où on lisait cette
inscription : O étranger! (annoncer) aux Lacédémoniens que
nous sommes morts ici pour obéir à ses lois.

268. Jeune enfant, (laisser)-là cet habit, (quitter) ce vil
métier.

----

44. Exercice.

(Mettez au subjonctif présent les verbes entre parenthèses)

269. S'il arrive jamais que vous (aller) à Nîmes, ne
manquez pas de visiter la Maison carrée et les Arènes,
ces deux monuments de la science architecturale des
Romains.

270. Il faut que nous (envoyer) nos fils étudier à l'université de Gœttingue.

271. Avant que vous (embrasser) la carrière commer-
ciale, je désire que vous (acquérir) les connaissances qui
constituent une éducation libérale.

272. Pour peu que nous (parcourir) la terre, nous nous
convaincrons bientôt que de nombreux cataclysmes en
ont, à diverses reprises, bouleversé sa surface.

273. Il ne faut pas que nous (cueillir) le raisin avant sa
complète maturité.

274. Il n'est pas, que je (*savoir*), pire eau que l'eau qui dort.

275. Enfin, (*valoir*) que (*valoir*), j'aurais sur le marché fort bien fourni la paille.

276. Si nous entreprenons l'ascension du mont Blanc, il faut qu'avant la fin de la première journée nous (*atteindre*) la limite des neiges éternelles.

277. Que faut-il que nous (*conclure*) de l'apparition relativement tardive de l'homme sur la terre, sinon que tout ce qui existe ici-bas y a été disposé et arrangé pour lui?

278. Il faut que nous (*moudre*) prochainement les faînes et les noix que nous avons achetées, afin d'en extraire l'huile qu'elles contiennent.

279. Je souhaite ardemment que vous (*vaincre*) vos passions; ce sont les plus dangereux ennemis que vous (*pouvoir*) avoir.

280. Il faut bon gré mal gré que nous (*rire*), quand nous lisons l'histoire du célèbre don Quichotte, chevalier de la Manche.

281. Il faut que nous (*étudier*) à la fois les lettres et les sciences, si nous voulons développer notre esprit harmoniquement et maintenir nos facultés dans un juste équilibre, sans qu'il y (*avoir*) prédominance de l'une d'entre elles au détriment des autres.

282. Je désire que vous (*essayer*) de vous rendre familières les premières notions de la géologie.

283. Dans les hommages que nous rendons à la mémoire des bienfaiteurs de l'humanité, il est juste que nous (*associer*) les noms de l'abbé de l'Épée et de l'abbé Sicard, auxquels nous devons l'éducation des sourds muets. Il ne faut pas non plus que nous (*oublier*) Haüy, le frère du célèbre minéralogiste, qui fit pour les aveugles ce que les deux précédents firent pour les sourds-muets.

45. Exercice.

(Mettez à l'imparfait du subjonctif les verbes entre parenthèses.)

284. Il fallut que la disette qui survint en France au commencement de la Révolution (*forcer*) les diverses classes de la population à manger des pommes de terre, pour que tous (*apprécier*) les qualités de cette nouvelle plante alimentaire.

285. Avant que les descendants de Pépin de Landen (*placer*) la couronne sur leur tête, il y avait longtemps qu'ils exerçaient l'autorité royale.

286. Pour que les Gaulois (*concevoir*) le projet d'aller s'établir en Italie, il avait suffi qu'on leur (*annoncer*) qu'ils trouveraient dans ce pays d'excellents vins.

287. Je voudrais bien que vous (*aller*) nous chercher des morilles qui, pendant la première quinzaine d'avril, poussent abondamment dans les bois où vous vous promenez si souvent.

288. Il serait à désirer qu'on nous (*envoyer*) quelques échantillons des beaux marbres des Pyrénées, afin que nous (*pouvoir*) en choisir un pour notre devant de cheminée.

289. Il s'en est peu fallu que nous ne (*cueillir*) toutes les pêches de notre voisin, nous imaginant qu'elles vous appartenaient.

290. S'il arrivait que nous ne (*tenir*) pas notre promesse, nous vous autorisons d'avance à nous considérer comme les plus méprisables des hommes.

291. Il fallait que Malherbe (*venir*) pour introduire dans notre poésie l'harmonie et la cadence qui lui avaient fait un peu défaut jusque-là.

292. (*Devoir*)-nous y perdre la vie, nous ne renoncerons jamais à nos opinions.

293. S'il fallait qu'il ne (*pleuvoir*) pas plus souvent chez nous qu'en Égypte, notre sol deviendrait totalement stérile.

294. Il serait bien à désirer que tous les jeunes gens

(*savoir*) distinguer les unes des autres les plantes les plus usuelles, et qu'ils en (*connaître*) les propriétés.

295. Croyez-vous qu'à Rome le titre de grammairien (*équivaloir*) à ce qu'il signifie de nos jours?

296. Quand bien même il faudrait que nous (*boire*) la ciguë comme Socrate, on ne nous forcerait pas à commettre une injustice.

297. Avant que je ne (*conduire*) des hommes, je ne savais pas combien il est quelquefois difficile de commander.

298. S'il était nécessaire que vous (*construire*) un four sans avoir été initié à l'art de bâtir, vous pourriez recourir au procédé des Gaulois. Il consistait à édifier une voûte hémisphérique avec des baguettes de coudrier recourbées, et à appliquer sur cette voûte une couche d'argile, qu'il n'y avait plus qu'à faire cuire.

299. Je ne voudrais pas que vous (*croire*) que l'étude des langues soit bien difficile.

300. Une couple d'années suffiraient, si l'on suivait une bonne méthode, pour apprendre les principales langues de l'Europe.

301. (*Plaire*) à Dieu que vous (*penser*) et que vous (*écrire*) comme Pascal!

302. Si nous avions su que vous y (*mettre*) si peu de complaisance, nous ne vous aurions pas prié de nous rendre ce service.

303. Pour que la gelée ne (*nuire*) jamais aux arbres fruitiers, il suffirait qu'au moment de la floraison ils (*être*) continuellement enveloppés d'un épais brouillard.

304. Il suffisait que vous (*poursuivre*) votre route pour que vous (*parvenir*) sur l'emplacement des ruines de Sparte.

305. Je voudrais que tous les hommes (*vivre*) heureux et paisibles en travaillant.

306. S'il arrivait que tous les hommes (*naître*) dans l'opulence, en seraient-ils plus heureux pour cela?

Verbes conjugués sous la forme interrogative.

46. Exercice.

§§ 99-100 — (Donnez à chaque phrase la forme interrogative)
Exemple : Pouvez-vous *dire en quel lieu et en quelle année mourut saint Louis*

307. *Vous pouvez* dire en quel lieu et en quelle année mourut saint Louis.

308. *Nous mettions* plus de six jours pour aller de Marseille à Alexandrie, ville d'Égypte.

309. *Vous savez* ce qu'on appelle année julienne, année grégorienne et année bissextile. *Vous connaissez* les causes de ces diverses dénominations.

310. Quand vous fîtes le voyage d'Italie, *vous visitâtes* les fumarolles et les lagunes de la Toscane.

311. *Vous vous êtes transporté* parfois en imagination dans les temps géologiques.

312. *Vous avez songé* quelquefois à tout ce que devait présenter d'étrange et de fantastique la faune des terrains jurassiques avec ses animaux gigantesques qui tenaient à la fois des lézards, des crocodiles, des poissons et des mammifères, avec ses ptérodactyles, sortes de lézards volants, dont la tête rappelait celle des oiseaux et les membres ceux des chauves-souris.

313. *On pense* à ce qu'il en dut coûter de peines, de travaux et de souffrances pour construire les pyramides d'Égypte, ces gigantesques monuments de l'orgueil de quelques potentats.

314. *Tu as étudié* l'histoire de l'établissement des Espagnols dans l'Amérique septentrionale et dans l'Amérique méridionale.

315. *J'aime* mieux le jeu que l'étude.

316. *Je réponds* de réussir.

317. *Je pars* pour l'Italie.

318. *Je dors* plus de huit heures par jour.

319. *Il changea* de visage à la vue de son antagoniste.

320. *Il s'aventura* au milieu des steppes de la Russie.

321. *Il erra* longtemps dans le désert.

322. *Il passa* toute sa vie à la recherche de la pierre philosophale.

Verbes conjugués négativement.

47. Exercice.

(Rendez négatives les phrases affirmatives suivantes.)

323. *J'ai acquis* la preuve de votre complicité dans cette affaire.

324. *J'ai voulu* parcourir toute l'Italie.

325. *J'aurais souhaité* séjourner plus longtemps à Madrid.

326. *J'espère* atteindre l'âge de cent ans.

327. *Je compte* revoir les amis que j'ai quittés.

Verbes conjugués sous la forme interrogative et négative.

48. Exercice.

§ 105. — (Donnez la forme interrogative et négative aux phrases affirmatives suivantes.)

Exemple : **Les Turcs n'ont-ils pas essayé** plusieurs fois de subjuguer l'Allemagne?

328. Les Turcs, au temps de leur puissance, *ont essayé* de subjuguer l'Allemagne pour commander ensuite en maîtres à toutes les nations chrétiennes de l'Europe.

329. Attila, roi des Huns, *s'intitulait* lui-même le fléau de Dieu.

330. *Nous avons lu* dans l'histoire romaine que, sous le règne de Titus, l'éruption du Vésuve engloutit les villes de Stabia, de Pompéïa et d'Herculanum, et coûta la vie à Pline le naturaliste.

331. La Cordillière des Andes *partage* toute l'Amérique

du Nord au Sud en deux grands versants, l'un oriental, tributaire de l'océan Atlantique, l'autre occidental, versant ses eaux dans la grande mer Pacifique.

332. De tout temps, les cavernes naturelles *ont offert* aux peuples sauvages un abri contre l'intempérie des saisons, contre les attaques des hommes ou contre celles des bêtes féroces.

333. *Nous découvrons* en maint endroit des sources d'eaux minérales, utiles pour combattre une foule de maladies chroniques.

334. Les savants *ont constaté* que des plantes analogues à celles des pays chauds ont végété autrefois dans nos climats et même sous des latitudes beaucoup plus septentrionales.

335. Les bourgeois du moyen âge *ont lutté* longtemps et énergiquement pour conquérir le droit de se constituer en communes.

336. Les disciples de Platon *affectaient* de marcher les épaules hautes et le dos courbé.

337. Newton nous *a appris* que la lumière du soleil peut se décomposer en sept couleurs qui sont : le violet, l'indigo, le bleu, le vert, le jaune, l'orangé et le rouge.

Verbes passifs.

49. Exercice.

§§ 103-105. — (Tournez par le passif les verbes actifs mis en italiques.) r
Exemple : 1° Les hommes vertueux *sont admirés*, mais ils ne *sont* pas *imités*.
2° Le chat *mange* la souris. Tournez. La souris *est mangée* par le chat.

338. Dans les âges héroïques de la Grèce, l'amitié enfantait des actions qu'*on regarderait* aujourd'hui comme des prodiges, et qu'*on considérait* alors comme des devoirs : Oreste et Pylade, voulant mourir l'un pour l'autre, ne faisaient que ce qu'*avaient fait* avant eux beaucoup d'autres héros.

339. Quelques princesses déguisées selon l'usage sous les noms de Junon, de Minerve et des autres déesses, et aspirant toutes à ce qu'*on* leur *décernât* le prix de la beauté, troublèrent par leurs prétentions les noces de Thétis et de Pélée.

340. Chez les Romains, aussitôt qu'*on avait organisé* les légions en vue de quelque nouvelle expédition, et que les tribuns *avaient choisi* les centurions, un vieux soldat sortait des rangs et prononçait la formule du serment militaire. Tous les autres défilaient ensuite successivement, et chacun disait à haute voix, en passant devant le tribun : Moi de même.

341. A Rome, sous les rois et dans les premiers temps de la République, *on proportionnait* les édifices publics aux modestes habitations des citoyens : le temple de la fortune, que le roi Servius Tullius *avait élevé* dans le forum, et qu'*on regardait* comme le monument le plus remarquable de l'époque, avait été achevé l'année même où l'on en *avait établi* les fondements.

342. La race gauloise ne *possédait* pas tout le territoire de la Gaule. Un petit peuple d'origine, de langue et de mœurs différentes, le peuple aquitain, venu de la péninsule ibérique, *habitait* l'angle compris entre les Pyrénées et l'Océan, et fermé au nord par le cours demi-circulaire de la Garonne.

343. Quand les Romains voulaient fonder une colonie, dans un territoire récemment conquis, on *assignait* d'avance des parts aux familles que le peuple assemblé *avait choisies* pour composer le nouvel établissement. Trois commissaires appelés triumvirs y *conduisaient* ces familles. Arrivés sur les lieux, les triumvirs faisaient creuser une fosse ronde, au fond de laquelle *on deposait* des fruits, une poignée de terre qu'on avait apportée du sol romain ; puis à l'aide d'une charrue dont le socle était de cuivre, et à laquelle *on avait attelé* un taureau blanc et une génisse de même couleur, les triumvirs traçaient un sillon profond pour indiquer l'enceinte de la ville future. Tous les colons snivaient, rejetant dans l'intérieur de la ligne les mottes que l'instrument *avait soulevées*.

344. Afin que les fils de cuivre du télégraphe sous-marin soient préservés du contact de l'eau, *on les enferme* dans des enveloppes de gutta-percha qu'entoure une couche épaisse de cordelettes qu'on *a enduites* de goudron. De plus, dix très-gros fils de fer galvanisés protégent tout cet ensemble.

345. Pour que les autres vous *respectent*, il faut que vous commenciez par vous respecter vous-même.

346. Les habitants d'Argos célébraient la fête de Junon par une pompe solennelle qui se rendait de la ville au temple de la déesse : cent bœufs parés de guirlandes, et qu'*on devait sacrifier* et *distribuer* aux assistants, *la precedaient;* un corps de jeunes Argiens, couverts d'armes étincelantes, la *protegeaient*. La prêtresse, montée sur un char attelé de deux bœufs magnifiques, la *terminait*.

347. Le sénat de Sparte, composé des deux rois et des vingt-huit vieillards, était le conseil suprême où l'on *traitait* en première instance les hautes et importantes affaires de l'Etat, telles que la guerre, la paix et les alliances.

DIFFÉRENTES SORTES DE VERBES.

50. LA JUMENT DE GIABAL.

(Transcrivez ce devoir en indiquant la nature des verbes soulignés, c'est-à-dire s'ils sont actifs, neutres, passifs, pronominaux ou impersonnels. Si le verbe est actif, vous indiquerez le complément direct.)
Exemple : *Avait* (actif, compl. dir. *jument*). — *Enviait* (actif, compl. dir. l', mis pour *jument*).

Un Syrien, nommé Giabal, *avait* une jument très-renommée. Hassad-Pacha, alors visir de Damas, l'*enviait* fort; il *n'était* pas de prix qu'il n'en *eût donné*, pas d'offres magnifiques qu'il n'en *eût faites*, mais inutilement, car un Bédouin *aime* son cheval plus que lui-même. Le pacha *menaça*, mais sans plus de succès. Alors, un autre Bédouin, nommé Giafar, *vint* le *trouver*, et lui *dit* : — Que me *donneriez*-vous, si je vous *livrais* la jument de Giabal ? — Je *remplirais* d'or ton sac à orge, *répondit* Hassad, qui *regardait* comme un affront de ne pas *avoir reussi*. La chose *fit* du bruit, Giabal ne *se coucha* plus sans *attacher* sa jument par le pied avec un anneau de fer, dont la chaîne, *passant* dans sa tente, *s'arrêtait* à un piquet fiché en terre sous le feutre qui lui *servait* de lit. A minuit, Giafar *pénètre* dans la tente en *rampant, et se glissant* près de Giabal, le *pousse* doucement à plusieurs reprises. Le dormeur, sans se rendre compte de la cause de ce dérangement, *fait* place peu à peu ; alors Giafar *troue* le feutre, *arrache* le piquet, *enfourche* la jument, et, *prenant* sa lance, *pique* légèrement Giabal, en *disant* : — C'est moi, Giafar, qui *ravis* ta jument. Je t'*avertis* à temps.

51. La jument de Giabal (suite).

A ces mots, qui l'ont *réveillé*, Giabal *s'élance* dehors, *appelle* ses cavaliers, et *prenant* la jument de son frère, *poursuit* le voleur. Cette jument, quoique moins bonne que la sienne, était du même sang ; aussi il eut bientôt dépassé sa tribu, et, après quatre heures de poursuite, il *atteignait* presque Giafar, lorsqu'il lui *cria* : — Pince-lui l'oreille droite et *donne* un coup d'étrier. — Giafar obéit et *part* comme la foudre ; dès lors la distance *était* trop grande, toute poursuite eût été vaine. Les autres Bédouins, qui *l'avaient rejoint*, lui *reprochant d'avoir causé* lui-même la perte de sa jument : J'*aime* mieux cela, *dit*-il ; si nous l'*avions rattrapée*, nous *eussions terni* sa réputation, et j'*aurais entendu* dire dans ma tribu qu'une autre jument *avait dépassé* la mienne. Il me *restera* au moins la consolation qu'aucun autre n'*a pu* l'*atteindre*.

DES MOTS INVARIABLES.
Préposition.
52. LE QUERELLEUR.

§§ 115-118 — (L'élève soulignera toutes les prépositions et les locutions (prépositives.)

Un maître querelleur et difficile à servir prescri-

vait le matin à son valet tout ce qu'il devait faire selon
sa fantaisie depuis le matin jusqu'au soir. Il lui avait
dit, en le prenant : — Tu ne feras que ce que je te dis ici,
prends garde de ne rien faire en plus ou en moins; ne
va pas au delà de mes instructions, et ne reste pas en
deçà ; c'est par l'obéissance absolue envers moi que tu
peux mériter mes bonnes grâces, sans cela je t'étrillerai
de telle façon, que, en dépit de toi, il faudra que tu en viennes
à me bien servir. — Cela dit, il lui remit un agenda où
était marquée, heure par heure, la besogne de la journée,
et tous les matins il commençait par y écrire ce que le
valet aurait à faire pour lui ce jour-là.

Un jour, le maître voulut se promener à cheval; il était
monté sur un alezan très-vif qu'il excitait encore de l'épe-
ron, malgré l'avis que lui en avait donné le maquignon.
Le cheval, impatient, regimbe contre lui, et voilà notre cavalier par terre, ou plutôt dans un fossé. Il tourne la tête
vers son valet, qui trottait paisiblement derrière lui, et
l'appelle à grands cris, car il était fortement contusionné;
celui-ci vient auprès de lui sans se presser, et, bien loin
de descendre de cheval, il tire de sa poche son livret, et
le parcourt avec attention. — Que fais-tu là, maraud, lui
dit le maître, au lieu de venir m'aider? — Monsieur, je
cherche dans mon agenda si parmi vos ordres de ce matin, je trouverai celui de vous relever, dans le cas où vous
viendriez à tomber. Voilà, j'ai tout lu jusqu'à la fin sans y
rien trouver de pareil, je ne puis aller par delà vos ordres,
tirez-vous donc d'affaire comme vous pourrez, quant à moi
je vais me promener en vous attendant.

83. Exercice.

§ 116, Rem. — (Distinguez *a* préposition de *a* troisième personne du singulier
du verbe *avoir*, et *des* préposition de *des* article contracte.)

348. Par ironie, les Grecs envoyaient (a) Anticyre ceux
(a) qui ils voulaient faire entendre qu'ils les regardaient
comme fous.

349. (A) vaincre sans péril, on triomphe sans gloire.

350. Il y (a) dans le cœur d'une mère (des) trésors iné-
puisables de tendresse.

351. On (a) longtemps espéré que l'on parviendrait (a)
faire du diamant en fondant du charbon; mais on a été
déçu dans cette circonstance; le charbon (a) été fondu;
mais il n'(a) pas fourni de diamant.

352. (A) part quelques rares individus idiots ou infirmes,
tout le monde, depuis cinquante ans environ, sait lire et
écrire en Danemark.

353. C'est (a) force de forger que l'on devient forgeron;
on n'(a) qu'(a) s'exercer suffisamment dans un art quelconque pour y acquérir de l'habileté.

354. On (a) souvent besoin de recourir (a) plus petit
que soi.

355. (Dès) sa jeunesse, Achille était d'un courage in-
domptable; il exterminait (des) bêtes féroces, en attendant
qu'il exterminât les guerriers troyens.

356. (Des) insensés qui prétendent qu'il n'y (a) pas de
Dieu, sont ce qu'on appelle (des) athées. Il en (a) surgi (dès)
la plus haute antiquité, témoin Mézence, Salmonée, Ca-
panée et quelques autres encore.

357. (Dès) le règne de Louis XI, il y eut (des) imprimeurs
(a) Paris.

358. (Dès) l'instant qu'on (a) mis le pied dans l'étrier, on
n'(a) plus qu'(a) se laisser aller; il y (a) (des) gens qui se
chargent d'assurer le succès.

DE L'ADVERBE.

54. Exercice.

§§ 119-123. — (Soulignez les adverbes et distinguez là adverbe de là article.)

359. Trop heureux les Romains, s'ils ne se fussent jamais
laissé envahir par le luxe des peuples qu'ils avaient vaincus!

360. A l'époque où l'on calcula les tables de logarithmes
de Callet, le travail fut partagé entre différentes sortes

d'ouvriers, selon leurs capacités respectives ; les uns ne faisaient que des additions, d'autres que des soustractions, et ainsi de suite, les opérations allant toujours en se compliquant jusqu'aux savants chargés de distribuer (la) besogne. Or, voici ce que l'on peut constater : les premiers ouvriers, ceux qui ne faisaient que des additions ne se trompaient jamais ; les seconds, qui effectuaient les soustractions, se trompaient rarement ; les troisièmes se trompaient quelquefois ; les quatrièmes, souvent ; les cinquièmes, plus souvent encore ; les sixièmes, presque toujours ; les septièmes, qui étaient les savants les plus distingués, toujours.

361. On lisait cette inscription sur la porte d'un cimetière : c'est aujourd'hui mon tour, demain ce sera le tien.

362. Dans beaucoup d'écoles, les bonnes notes que l'on donne aux élèves sont exprimées ainsi : bien, *bien* (comp. de sup.), *bien* (superl.) ; les mauvaises le sont de cette manière : mal, *mal* (comp. de sup.), *mal* (superl.).

363. (*La*) où il n'y a rien, dit un vieil adage, le roi perd ses droits.

364. Jérusalem rappelle aux chrétiens mille pieux souvenirs de (*la*) vie de N.-S. Jésus-Christ : ici, il fut flagellé, (*la*), on le chargea de sa croix ; en cet autre endroit, il rencontra Simon le Cyrénéen ; (*la*) enfin, il expira pour nous racheter du péché.

365. Êtes-vous déjà allé à Rome ? — J'en arrive. — Combien de temps y êtes-vous resté ? — Environ quinze jours. — Vous auriez bien dû me prévenir que vous entrepreniez ce voyage, je vous aurais accompagné volontiers ; nous aurions visité ensemble les monuments de la Ville éternelle.

366. Pascal a défini l'univers : un cercle infini dont le centre est partout et la circonférence nulle part.

---

55. Exercice.

(Remplacez par un adverbe la préposition suivie de son complément.)

367. Le vieux Nestor s'exprimait (*avec lenteur*), mais avec une grâce inimitable.

368. Nous avons été assaillis par une troupe d'importuns; mais nous sommes parvenus à les éconduire (*d'une manière honnête*).

369. Chez les nations civilisées, les prisonniers de guerre ne sont pas traités (*avec inhumanité*).

370. C'est en agissant (*avec douceur*) et non (*avec violence*) que l'on réussit à se concilier tous les cœurs.

371. On a modifié (*d'une manière heureuse*) les procédés insalubres auxquels on avait d'abord recours dans la préparation des allumettes chimiques.

372. Lorsque vous examinez la nature (*avec attention*), vous y découvrez continuellement de nouvelles beautés.

373. Les danseuses battent des entrechats (*avec prestesse*) et (*légèreté*).

374. C'est (*d'une façon inopinée*) que nous nous sommes engagés dans cette grave affaire.

375. Il faut procéder (*d'une manière rationnelle*) dans l'étude des sciences physiques et naturelles, et n'y point mettre, comme on dit vulgairement, la charrue devant les bœufs.

376. Je vous engage (*avec instance*) à vous corriger de vos mauvaises habitudes : si vous ne vous y prenez de bonne heure, vous ne les combattrez qu'(*avec difficulté*).

377. L'étude des mathématiques sert (*d'une manière utile*) à tous ceux qui s'occupent de l'art de bâtir

378. Les premiers navigateurs européens qui abordèrent dans les différentes îles de la Polynésie, observèrent (*avec curiosité*) les mœurs, les coutumes, les usages, les cérémonies religieuses des sauvages océaniens.

56. Exercice.

(Remplacez chaque adverbe entre parenthèses par une préposition suivie du substantif.)

379. L'office divin terminé, la foule sortit de l'église (*lentement*) et (*silencieusement*).

380. Les troupes gauloises combattirent (*intrepidement*) dans les rangs d'Annibal pour l'indépendance de la Gaule cisalpine.

381. Vous avez tort (*indubitablement*) si vous prétendez que la mémoire doit être seule mise en jeu dans l'etude des langues.

382. Quand Dumouriez vint au-devant des vieilles troupes qu'il avait déjà commandées autrefois, et qu'on lui amenait de Châlons, du plus loin que ses soldats l'aperçurent, ils accoururent (*tumultueusement*) pour lui serrer la main.

383. C'est agir (*témérairement*) que de s'embarquer par un gros temps et avec un vent contraire sur une mer semée d'écueils.

384. Vous avez vendangé (*intempestivement*), car le raisin n'était encore qu'à l'état de verjus.

385. Pélopidas et ses compagnons d'exil étant partis d'Athènes par un temps de neige, sous prétexte d'une partie de chasse, poussèrent jusqu'à Thèbes, pénétrèrent (*secrétement*) dans la ville où ils se cachèrent, et le lendemain, détruisirent la tyrannie qui pesait sur leurs concitoyens.

386. Certain renard gascon, d'autres disent normand, vit au haut d'une treille des raisins mûrs (*apparemment*).

387. Personne ne s'est jamais repenti d'avoir agi (*prudemment*).

388. Quand Galilée soutenait que la terre tourne sur elle-même et autour du soleil, il avait raison (*incontestablement*).

389. Un honnête homme se conduit toujours (*loyalement*) dans quelque circonstance de la vie où il puisse se trouver.

390. Les Grecs qui s'aperçurent les premiers que Xerxès

avait découvert le sentier par où l'on pouvait tourner leur camp, vinrent (*précipitamment*) annoncer cette fâcheuse nouvelle à Léonidas.

DE LA CONJONCTION.

57. Exercice.

§§ 124-126. — (Transcrivez ce qui suit en indiquant entre parenthèses pour chaque conjonction si elle est de coordination ou de subordination)

391. Les sophistes grecs croyaient avoir bien employé leur temps quand ils avaient forgé quelques raisonnements captieux, mais évidemment faux comme l'est par exemple celui-ci : Epiménide de Crète dit que les Crétois sont menteurs ; or il était Crétois, donc il a menti, donc les Crétois ne sont pas menteurs, donc Epiménide n'a pas menti, donc les Crétois sont menteurs, et ainsi de suite indéfiniment.

392. Quand on fait chauffer de l'eau dans un vase découvert, sa température augmente jusqu'à ce qu'elle atteigne 100 degrés; c'est là le point d'ébullition du liquide. A partir de ce moment, quoique l'on continue toujours à chauffer l'eau, sa température ne s'élève plus ; mais elle continue à être de 100 degrés.

393. Si, lorsque vous serez parvenu à l'âge mûr, vous lisez vos auteurs classiques, vous y découvrirez mille beautés dont vous ne vous étiez pas aperçu pendant que vous faisiez vos études.

394. Dieu, parce qu'il est juste, récompensera les bons, et punira les méchants.

395. La craie et le marbre blanc ont exactement la même composition chimique; ils ne diffèrent que par la forme de leurs molécules qui est irrégulière pour la craie, tandis qu'elle est dans le marbre d'une régularité géométrique.

396. Il ne faut pas se moquer des misérables, car qui peut s'assurer d'être toujours heureux ?

397. Veillez sans cesse sur vous-même afin que vous ne tombiez point dans la tentation.

398. Les géologues ont démontré que la terre fut peuplée d'animaux bien des siècles avant que l'homme vécût à sa surface, et l'embellît de sa présence.

399. Dès que cesse la fermentation alcoolique, il faut tirer le vin et le mettre dans des tonneaux. Si l'on tarde à le faire, il contracte un mauvais goût.

400. Le roi ne vous accordera pas votre pardon à moins que vous ne consentiez à faire amende honorable.

401. Encore, si vous naissiez à l'abri du feuillage dont je couvre le voisinage, vous n'auriez pas tant à souffrir, je vous défendrais de l'orage; mais vous naissez le plus souvent sur les humides bords des royaumes du vent.

402. Jeune homme, quand il s'agit de critique littéraire, souvenez-vous que s'attacher par préférence aux écrits du génie, n'est bien souvent que vice du cœur ou disette d'esprit. De ce qu'un grand homme n'admire pas tout, il ne s'ensuit pas que celui qui n'admire rien soit un grand homme. Ces auteurs, dont vous calculez les forces avant que d'avoir mesuré les vôtres, fourmillent de défauts et de beautés.

58. Exercice.

§ 125, Rem. (Distinguez les uns des autres *où* adverbe et *ou* conjonction, *quand* et *quant à*, *quoique* en un mot et *quoi que* en deux mots, *parce que* en deux mots et *par ce que* en trois mots.)

403. (Quan...), à la lueur des torches, nous contemplâmes les stalactites et les stalagmites de la grotte d'Antiparos (ou) nous venions de pénétrer, nos yeux demeurèrent éblouis du magnifique spectacle qui s'offrait à nous, et (quoi... que) nous eussions déjà vu des phénomènes de cette nature, celui-là nous surprit au delà de tout ce que l'on pourrait imaginer.

404. Les Lapons transportés hors de leur pays natal meurent bientôt, (par... ce... que) ils ne peuvent résister à la nostalgie, dont ils sont bientôt atteints.

405. Beaucoup d'adversaires d'Octave se rallièrent à lui après la bataille de Philippes; (*quan...*) à Brutus, il aima mieux se donner la mort que de survivre à la défaite de son parti et à la ruine de toutes ses espérances.

406. (*Quoi... que*) vous puissiez dire, vous ne parviendrez jamais à me persuader que l'étude de l histoire soit une superfétation, une inutilité.

407. Si vous venez herboriser avec nous, mon frère (*ou*) moi nous vous montrerons l'endroit du parc de St-Cloud, (*ou*) nous avons trouvé la tulipe sauvage.

408. (*Par... ce... que*) on voit depuis deux siècles, on peut assez bien se figurer les immenses progrès qui se seront accomplis dans toutes les branches du savoir humain, lorsque deux nouveaux siècles se seront ajoutés à ceux qui viennent de s'écouler.

409. (*Quan...*), à l'arrivée des Espagnols, les Mexicains virent, pour la première fois, des hommes à cheval, ils crurent que le cavalier et sa monture ne composaient qu'un seul et même animal.

410. De braves soldats disent à leur général : nous irons (*ou*) vous nous conduirez, (*ou*) nous périrons.

411. (*Quoi... que*) la Belgique soit, (*quan...*) à son étendue, l'un des plus petits pays de l'Europe, elle n'en est pas moins le plus peuplé relativement.

412. (*Par... ce... que*) nous connaissons des ouvrages de l'antiquité, il nous est facile de mesurer la grandeur de la perte résultant de l'incendie de la bibliothèque d'Alexandrie.

413. Avant de nous lancer dans une entreprise, représentons-nous bien que (*quoi... que*) nous soyons pleins de bonne volonté, nous n'en sommes pas moins limités, (*quan...*) à nos moyens d'action, par les bornes que la nature a imposées à nos forces et à nos facultés, et n'oublions pas que là (*ou*) la mouche a passé, le moucheron demeure.

414. (*Quan...*), à l'approche de la nuit, nous voyons les chauves-souris sortir des retraites souterraines, (*ou*) elles se couchent pendant le jour, à leur nombre et à la rapidité

(*ou*) à la lenteur de leurs mouvements, nous pouvons juger de l'abondance (*ou*) de la rareté des insectes répandus dans l'air et auxquels elles font la chasse, et, par suite, pronostiquer le temps qu'il fera le lendemain, (*quoi... que*) nul autre signe ne nous ait fourni des indications à cet égard.

DE L'INTERJECTION.

59. Exercice.

§ 127 — (Transcrivez ce qui suit en indiquant entre parenthèses pour chaque interjection le sentiment qu'elle exprime.)

415. Fi donc! oseriez-vous donner un tel exemple d'ingratitude.

416. Ah! que les œuvres de Dieu sont belles, et que ses desseins sur les plus petites choses sont profonds et admirables!

417. Aïe! tout en ne voulant que plaisanter. vous me pincez très-fort et vous me faites mal.

418. Oh là! oh! descendez, que l'on ne vous le dise, jeune homme, qui menez laquais à barbe grise!

419. Eh! mon ami, tire-moi de danger; tu feras, après, ta harangue.

420. Un paysan apostrophe un capitaine : Monsieur le capitaine, las! qu'est devenu mon pauvre fils! Est-il resté sur le champ de bataille, comme on me l'a assuré? — Hé! mon ami, c'est un menteur qui vous a donné ces nouvelles; il n'y est pas resté, car il s'est enfui.

421. Un jeune homme s'étant servi d'une expression dont l'inconvenance fit rougir un de ses amis de même âge que lui, Diogène qui était présent, dit à ce dernier : Courage! mon enfant, voilà les couleurs de la vertu!

422. Ah! s'écriait Xerxès, les rois qui peuvent tout (je le vois bien, mais, hélas! je le vois trop tard) sont livrés à toutes leurs passions. Hé! quel moyen quand on est homme, de résister à sa propre puissance, et à la flatterie de tous

ceux dont on est entouré? Oh! quel malheur de naître dans de si grands périls!

DES PRÉFIXES.

Définitions.

Le plus souvent, on forme les mots composés en plaçant devant un mot simple une particule qui en modifie la signification.

Cette particule, ainsi placée au *commencement* des mots, s'appelle un *préfixe*.

Voici les principaux préfixes employés dans notre langue :

1º Pour indiquer le rapprochement : *ad*, qui peut prendre les formes *ac, af, ag, al, an, ap, ar, as, at* et *a*.

2º Pour former l'union : *com*, avec ses modifications *con, col, cor, co*.

3º Pour marquer l'éloignement : *dé, dés*.

4º Pour marquer la division : *dis, dif*.

5º Pour indiquer l'extraction, la sortie : *e* ou *ex*, avec ses diverses modifications *ef, es, ess*.

6º Pour indiquer la contenance, la tendance vers un but, la négation : *in* avec ses diverses modifications : *im, ig, il, ir, em, en*.

7º Pour indiquer une signification contraire : *male, mal, mau, mes, mé*.

8º Pour marquer la répétition, le retour : *re, ré, réd, r*.

9º Pour marquer l'infériorité : *sub* avec ses modifications *sup, suf, suc, sug, su, sous, sou, se, subler*.

10º Pour marquer la supériorité : *super* avec ses diverses modifications *soubre, sur, sour, sus, sou*.

11º Pour indiquer une transformation, un but dépassé : *trans*, avec ses diverses modifications *tran, tra, tres, tré*.

60: **Exercice.**

(Le mot simple est écrit entre parenthèses, faites-le précéder du préfixe convenable.)

1° *Ad.* — Au retour de Christophe Colomb dans le port de Palos, tous les habitants (... *coururent*) pour le voir débarquer. — L'eau (... *flue*) toujours vers la rivière. — Nous avons entendu une touchante (... *locution*). — On doit (..... *porter*) le plus grand soin à tout ce que l'on fait. — C'est un crime que d'(... *tenter*) à la sûreté publique. — Don Juan (... *baissa*) l'orgueil du Croissant à la journée de Lépante. — Nous nous sommes (... *ranges*) pour vous donner satisfaction.

2° *Com.* — Je suis allé rendre visite à mon (... *patriote*). — On donne le nom de (... *federation*) à une association offensive et défensive de plusieurs États. — Les géographes ont appelé points (... *latéraux*) quatre points situés entre les points cardinaux et à égale distance de chacun d'eux. — La viande que l'on vous a apportée du marché était déjà (... *rompue*). — Coligny était révéré par tous ses (... *religionnaires*).

3° *Dé.* — Les rebelles ont été contraints de (... *poser*) les armes. — Quand le corps des animaux est parvenu à tout son développement, il ne peut plus que (... *croître*). — Nous avons (... *jeuné*) avec deux de nos amis. — L'abus de la raison amène quelquefois à (... *raisonner*). — On prétend qu'un homme qui rit est un homme (... *armé*). — On ne doit jamais (... *obéir*) à ses supérieurs.

4° *Dis, dif.* — Peu de personnes savent (... *courir*) agréablement. — La (... *fusion*) des lumières s'opère toujours très-lentement.

5° *E* ou *ex.* — Les Romains finirent par (... *tendre*) leur domination sur presque tout le monde connu des anciens. — Il faudra (... *hausser*) cette maison d'un étage. — Quand on écrit, il est souvent difficile de rencontrer l'(... *pression*) propre. — (... *forcez*)-vous de mériter par votre repentir le pardon de vos fautes. — Nous avons tant couru que nous sommes arrivés tout (... *soufflés*).

6° *In..* — Ne commettez jamais d'(... *justices*). — Il es
(... *possible*) de trouver exactement la quadrature, c'est-à-
dire la surface du cercle. — Les aigles n'ont ni la forme
gracieuse des faucons, ni l'allure (... *noble*) des vautours. —
Je refusai constamment de participer à des bénéfices
(... *licites*). — Onésime Leroy est l'auteur de l'(... *résolu*),
comédie en vers fort estimée. — Le compte que vous me
faites est bien (... *brouillé*). — La légende de Merlin l'(... *chanteur*) était fort en vogue au moyen âge.

7° *Male.* — Que d'individus cruels et perfides ont péri de
(... *mort*)! — J'éprouve depuis quelques jours un (... *aise*)
indéfinissable. — Que d'hommes ont (... *dit*) le jour qui les
avait vus naître! — Rien n'est si dangereux qu'une (... *al-
liance*). — Pendant les troubles de la Fronde, le prince de
Condé se mit un moment à la tête des (... *contents*).

8° *Re..* — Dans certaines maladies, les (... *chutes*) sont
toujours mortelles. — Boileau et Perrault finirent par se
(... *concilier*). — Mon courage ébranlé par tant de secousses, commence à se (... *affermir*).

9° *Sub.* — Les 89 départements de la France sont
(... *divises*) en arrondissements, à la tête de chacun desquels il y a un (...-*préfet*). — Les physiciens (... *posent*)
qu'il existe deux sortes d'électricité : l'électricité positive
et l'électricité négative. — On donne le nom de (... *fumiga-
tion*) à une combustion de substances odorantes ayant pour
but de détruire les miasmes qui infectent un appartement.
— Louis XII (... *céda*) à Charles VIII en 1498. — N'écou-
tons jamais les (... *gestions*) de l'esprit malin. — On risque
parfois de se blesser en (... *levant*) des fardeaux trop lourds.
— N'oublions jamais de (...*courir*) les malheureux.

10° *Super.* — Quand on mélange plusieurs liquides
dans un même vase, ils se séparent pour se (... *poser*) dans
l'ordre de leurs densités. — L'ébullition détermine souvent
dans une masse d'eau des (... *sauts*) considérables. — La
(... *face*) de la mer est quelquefois unie comme une glace.
— Quand Jupiter fronçait les (. . *cils*), tout le vaste Olympe
tremblait. — Dans la mer Baltique, la navigation est
(... *pendue*) l'hiver par la formation d'une épaisse couche

de glace. — Copernic eut raison de (... *tenir*) que la terre et toutes les planètes tournent autour du soleil.

11° *Trans.* — Dans le sein de la terre, des substances amorphes se(...*forment*) quelquefois spontanément en substances cristallisées. — Il n'est pas rare de voir des avocats (... *vestir*) souvent les faits qu'ils ont à raconter. — Nous avons (... *sailli*) d'allégresse. — Louis XIV (... *passa*) le premier septembre 1715.

DES SUFFIXES.

On appelle *suffixe* l'ensemble des syllabes que l'on ajoute *à la suite* d'un radical pour en modifier le sens. Par exemple, en ajoutant au mot *blanc* le suffixe *âtre* qui renferme une idée de dépréciation, d'atténuation, on obtient le nouvel adjectif *blanchâtre*.

61. Exercices sur quelques suffixes.

1° *Atre.*

Combinez ce suffixe avec les mots suivants :

Blanc,	Gris,	Olive,
Bleu,	Jaune,	Rouge,
Doux,	Mère,	Roux,
Fou,	Noir,	Vert.

2° *Able, ible, bile, ble.*

Ces quatre suffixes donnent au radical un sens passif ou neutre; formez des mots qui expriment comment on qualifie :

Ce qui doit *durer* longtemps ;
Ce qui peut être *fléchi* ;
Un cours d'eau que l'on peut traverser sans perdre pied ;
Ce qui doit être *honoré* ;
Une terre qui peut être *labourée* ;
Ce qui peut être mis en *mouvement* ;
Ce qui peut être *bu* ;
Ce qui doit être *repris*, réprimandé ;
Ce qui peut être *vu*.

3° *Aie, aye, oie.*

Ces suffixes servent à désigner des terrains couverts d'une seule essence d'arbre. Servez-vous-en pour composer des mots qui rappellent à l'esprit :

Un lieu planté d'*aunes* ;
Un lieu planté de *châtaigniers* ;
Un lieu planté de *chênes* ;
Un lieu planté de *frênes* ;
Un lieu planté d'*ormes* ;
Un lieu planté de *pommiers* ;
Un lieu planté de *saules* ;
Un lieu planté de *trembles*.

4° *Fier*.

Ce suffixe ajoute au radical l'idée de *faire devenir*. Exprimez par un seul mot les idées suivantes :

Faire devenir *ample* ;
Faire devenir *bon* ;
Faire devenir *faux*, altérer ;
Faire devenir dur comme un *os* ;
Faire devenir *liquide* ;
Faire devenir *saint* ;
Faire devenir *pierre* ;
Faire devenir *solide*.

4° *Fère*.

Ce suffixe signifie *qui porte, qui produit, qui prouve*. Dites comment on qualifie :

Ce qui produit de l'*or* ;
Ce qui procure le *sommeil* ;
Ce qui porte une *croix* ;
Ce qui porte une *ombelle*.

6° *El, elle, eau*.

Servez-vous de ces suffixes *diminutifs* pour dire comment on appelle :

Un petit *arbre* ;
Un jeune *dindon* ;
Un jeune *lion* ;
Un petit *mont* ;
Une petite *prune* ;
Une petite *tour*.

7° *On*.

Servez-vous de ce suffixe *diminutif* pour former des mots qui désignent :

Un petit *aigle* ;
Un petit *âne* ;
Un petit morceau de *glace* ;
Une petite *médaille* ;
Un petit *ours* ;
Une petite *pelotte* ;
Un petit *rat* ;
Un *sable* fin ;
Un petit *tronc* ;
Un petit *val*.

8° *El, elle, ot, otte*.

Avec ces suffixes *diminutifs*, formez des mots qui désignent :

Un *cordon* fin ;
Une petite *chaîne* ;
Une petite *fille* ;
Une petite *histoire* ;
Un petit *jardin*,
Un petit *livre* ;
Une petite *noix* ;
Un petit *œil* ;
Une petite *table* ;
Une petite *balle* ;
Une petite *main*, une main d'enfant.

SUPPLÉMENT.

Noms qui ont deux formes au féminin

62. Exercice.

§ 128. — (Mettez au féminin les phrases suivantes.)

423. Parmi les (*petits chanteurs*) des rues, il y a parfois des enfants (*doués*) de la plus belle voix.

424. On entend à l'opéra de Paris des (*chanteurs*) qui n'ont point de (*rivaux*) dans le monde entier.

425. Ces (*messieurs*) sont des (*chasseurs*) aussi (*habiles*) qu'(*intrépides*) qui ne sont jamais (*revenus*) sans gibier.

426. La mythologie avait des (*dieux chasseurs*) et des '*dieux infernaux*).

427. Les (*demandeurs*) de gratifications sont toujours (*importuns*).

428. Les (*vendeurs expérimentés*) sont plus (*rares*) qu'on ne pense.

429. Le tribunal a donné tort (*au demandeur*), et renvoyé (*le défendeur*) des fins de la plainte sans dépens.

430. Les juges ont blâmé (*le vendeur*) d'avoir agi si légèrement.

431. (*Les débiteurs*) de marchandises frelatées doivent être (*condamnés*) à l'amende.

432. (*Mon cousin*) demeure (*mon débiteur*) d'une somme de cinq cents francs.

———

Exercice d'ensemble sur toutes les règles du Supplément.

63. Exercice.

§§ 129-142. — (Écrivez suivant les règles les mots mis entre parenthèses.)

433. Les marins donnent le nom de (*boute-hors*)[1] à des pièces de bois qu'on ajoute à chaque bout de vergue du grand mât et du mât de misaine, et qui servent à porter des bonnettes ou petites voiles supplémentaires quand le vent est faible.

(1) *Bouter*, ancien verbe qui signifiait *mettre*, et qu'on retrouve dans quelques composés, tels que *boute-en-train*, *boute-selle*, *boute-feu*, etc.

434. Nos bons (*aïeul*) appelaient les dissipateurs des (*boute-tout-cuire*); nous employons encore quelquefois ce mot aujourd'hui.

435. On appelle (*brûle-tout*) de petites bobèches garnies d'une pointe, sur laquelle on fiche les bouts de bougie pour les faire brûler.

436. Les (*entre-deux*) qui séparent les divers champs ne sont que des sillons un peu plus profonds que les autres.

437. Aucun des (*chef-d'œuvre*) de peinture de l'antiquité ne nous est parvenu.

438. On pourrait retirer une fécule alimentaire de la souche des arums ou (*pied-de-veau*) qui croissent dans la plupart des endroits marécageux.

439. Les maladies auxquelles sont sujets les (*ver-à-soie*) causent des pertes énormes dans les magnaneries de nos départements méridionaux.

440. Les (*hôtel-Dieu*) sont des monuments plus utiles que les théâtres.

441. On donne le nom d'(*appui-main*) aux baguettes dont se servent les peintres pour soutenir la main qui tient le pinceau.

442. Le dernier prince de Condé, grand amateur de la chasse, s'était fait construire des (*pied-à-terre*) [1] à proximité de plusieurs forêts.

443. Qui ne sait que Daguerre excellait dans la peinture des (*panorama*), ces grands tableaux qui tapissent les murailles intérieures d'une rotonde éclairée par en haut et dont le spectateur occupe le centre.

444. Les écoliers, quand ils écrivent leurs (*pensum*), se rappellent-ils les diverses significations de ce mot latin, qui signifiait à la fois : quenouille, tâche d'une fileuse, tâche en général, fonction, devoir.

445. Quoi de plus plaisant que les (*imbroglio*) que contiennent quelquefois les scènes de comédie?

446. Diogène ripostait bravement aux (*quolibet*) dont l'accablaient si souvent les gens du peuple à Athènes.

(1) C'est-à-dire des *lieux* où l'on met le *pied* à terre. Dans ce mot et dans certains autres, tels que *coq-à-l'âne, tête-à-tête*, etc., le mot sur lequel tombe l'accord n'est pas exprimé.

447. Ce bras de mer présente des (*bas-fond*) qui en rendent la navigation très-dangereuse.

448. Rien de plus lugubre que les cris poussés la nuit par les (*chat-huant*)[1] dans les forêts.

449. Nous avons fait l'emplette de deux beaux (*chien-loup*) pour la garde de nos (*basse-cour*).

450. Les arbres des (*haute-futaie*) ne sont abattus que tous les cent-vingt ans.

451. Avec le fruit des (*épine-vinette*), on peut faire d'excellentes confitures.

452. Nous avons en France 89 (*chef-lieu*) de préfecture.

453. On vend des (*porte-cigare*) que l'on pourrait presque considérer comme des œuvres d'art, tant ils sont magnifiques.

454. La paye des (*sous-lieutenant*) est des plus modestes ; celle des (*sous-préfet*) n'est pas très-considérable non plus.

455. Des (*va-nu-pieds*)[2] ont prétendu faire la loi à tout le monde ; mais ils n'y ont pas réussi.

456. Avez-vous vu les deux (*vide-bouteille*)[3] que j'ai fait construire dans ma propriété ?

457. Des (*vole-au-vent*) sont de petits pâtés chauds dont le fond et les parois sont en pâte feuilletée.

458. Les (*passe-partout*) que nous avons commandés n'ouvrent pas facilement nos portes.

459. Mon frère et moi, quand nous voulons nous promener, nous faisons atteler nos (*tilbury*), et fouette cocher, nous voilà sur la grand'route.

460. Quoique les agneaux surpris par le loup usent toujours d'(*alibi*) comme de moyens de défense, ils ne sont guère écoutés.

461. La rencontre de deux personnes masquées donne souvent lieu aux (*quiproquo*) les plus plaisants du monde.

462. Si une loterie n'avait que de bons (*numero*), ce ne serait plus une loterie.

463. Les mathématiques enseignent à trouver les (*maxi-*

(1) *Chat*, substantif, *huant*, adjectif

(2) *Va*, voi e *aller*; quant à *nu*, voyez § 181.

(3) *Lieux* où l'on vide des bouteilles, petites maisons de campagne petits berceaux dans un jardin.

mum) et les (*minimum*), c'est-à-dire les plus grandes et les plus petites valeurs que peut prendre une quantité susceptible de croître et de diminuer.

464. Des grains d'orge que l'on a nettoyés et préparés avec soin, constituent ce que l'on nomme l'orge (*monde*) ; des grains d'orge qui ont été dépouillés de la pellicule qui forme leur enveloppe extérieure constituent l'orge (*perle*).

465. Le jour où il fallait manger (*le*) Pâque étant (*arrivé*), Jésus dit à Pierre et à Jean : Allez nous préparer (*le*) Pâque, afin que nous (*le*) mangions. Les deux disciples lui répondirent : Où voulez-vous que nous (*le*) préparions ?

466. Les (*bec-de-lièvre*) sont des infirmités résultant de la séparation en deux moitiés de la lèvre supérieure de certains individus.

467. Les (*géranium-bec-de-grue*), dont les jolies touffes roses garnissent souvent les vieux murs, sont des plantes astringentes dont la médecine populaire fait usage contre les maux de gorge.

468. Les (*ciel*) instruisent la terre à révérer leur auteur.

469. Répondez (*ciel*) et mers, et vous, terre, parlez !

470. La mode des (*ciel*) de lit n'est pas aussi universellement adoptée qu'autrefois.

471. Sous les beaux (*ciel*) de la Grèce et de l'Italie, l'hiver est bien moins rigoureux qu'en France.

472. Les (*œil*) des taupes sont si petits que pendant très-longtemps on a cru que ces animaux naissaient aveugles et demeuraient tels toute leur vie.

473. On mange en Angleterre d'excellents (*bifteck*) et des (*rosbif*) [1] non moins délicats.

474. Conformément à l'étymologie, on appelle (*factotum*) des individus qui ont l'intendance de toutes les affaires d'une maison, et, par ironie, ceux qui se mêlent de tout sans que cela les regarde, en un mot, les importuns.

475. Des (*album*) ne sont pas autre chose que des livres élégamment reliés, destinés à recevoir des vers, des dessins, des autographes, etc.

(1) Mots anglais que l'usage a francisés.

476. Les (*in-folio*) étaient beaucoup plus communs autrefois que de nos jours ; ces sortes de livres sont ainsi appelés parce que chaque page et son verso forment une feuille d'impression.

477. Les deux (*Amérique*) sont reliées par l'isthme de Panama.

478. Les (*Calabre*) ont la réputation d'être peuplées de méchantes gens.

479. Les (*Flandre*) sont plus industrieuses que la plupart des autres pays de l'Europe ; aussi sont-elles extrêmement peuplées.

480. Les (*Guyane*), que possèdent différents Etats de l'Europe, sont en général des pays malsains.

481. L'empereur de toutes les (*Russie*) porte le titre de czar.

482. Les (*Romagne*) sont situées dans la partie moyenne et orientale de la presqu'île italique.

483. Les (*chou-fleur*) sont des choux ordinaires dont les fleurs ne se sont pas développées.

484. Les (*petit-maître*) ne sont malheureusement que trop communs parmi nous.

485. Les (*loup-cervier*), aussi agiles que forts, grimpent sur les arbres pour surprendre les oiseaux dans leurs nids et pour attaquer les écureuils, les martres et même les chats sauvages.

486. La plupart des républiques actuelles d'Amérique appartenaient autrefois à l'Espagne, qui les faisait gouverner par des (*vice-roi*) (§ 141).

487. Nous salissons plusieurs (*essuie-main*) par semaine.

488. Les (*travail*) d'érudition de nos voisins d'outre-Rhin ont de quoi confondre l'imagination.

489. Les (*travail*) des maréchaux ferrants sont des assemblages de poutres entre lesquelles on place les chevaux rétifs pour les ferrer sans danger. Chose remarquable, cette signification toute particulière a été, à l'origine, l'unique sens du mot travail ; car celui-ci dérive d'un mot de la basse latinité qui servait à désigner tout assemblage de pièces de charpente.

490. Les (*travail*) que le chef de bureau a présentés au ministre ont reçu l'approbation officielle.

491. Les (*arc-en-ciel*) sont dus à la décomposition des rayons de la lumière du soleil par les vésicules d'eau que contient souvent l'atmosphère. Il y a aussi des (*arc-en-ciel*) lunaires; mais ils sont beaucoup plus rares que ceux que l'on aperçoit pendant le jour.

492. Les (*barbe-de-chèvre*), (*pied-de-coq*) ou clavaires sont des champignons rameux, dont les branches rappellent, quant à la forme, celle du corail. On les trouve dans les bois en automne : ce sont des végétaux comestibles. Les habitants pauvres de quelques-unes de nos provinces, où elles abondent, en font une consommation considérable. Il y en a beaucoup en Normandie et en Franche-Comté.

493. Les nouveaux (*soprano*) que nous avons entendus à l'opéra, nous ont fait autant de plaisir que les anciens.

494. On appelle (*quintetto*) des morceaux de musique à cinq parties.

495. Les hommes qui appartiennent à l'aristocratie anglaise portent le nom de (*lord*), et les dames celui de (*lady*).

496. Deux partis politiques, celui des (*whig*)[1] et celui des (*tory*), luttent continuellement l'un contre l'autre en Angleterre; les (*whig*) représentent les intérêts libéraux, et les (*tory*) les intérêts aristocratiques.

497. Il existe un grand nombre de (*stabat*) dus aux compositeurs les plus distingués; le plus remarquable peut-être est le stabat de Rossini.

498. Ce n'est pas uniquement en récitant des (*confiteor*), mais en travaillant à s'amender, que l'on manifeste le regret que l'on éprouve d'avoir péché.

499. L'habitude des (*pourboire*)[2] constitue une sorte d'impôt indirect qui, à la longue, devient fort onéreux.

500. Ce n'est pas à la légère et sur des (*oui-dire*) inconsidérés que l'on doit se former une opinion.

501. Après avoir exécuté plusieurs (*contre-danse*), nous prîmes le parti d'aller nous coucher.

(1) *Whig* prend la marque du pluriel.
(2) Voyez Gr., page 78, note 1.

502. L'ennemi s'était fortifié par des (demi-lune) qu'il avait établies en avant de son camp.

503. Des bûcherons qui avaient perdu leurs cognées, c'est-à-dire leurs (gagne-pain), en étaient très-affligés.

504. Les (casse-noisette) que nous avons achetés ne valent pas ceux que nous avons à la maison.

505. Nous nous sommes croisés sur la route avec deux petits (porte-balle) (1), qui paraissaient très-fatigués.

506. Les (porte-crayon) que nous venons d'acheter, sont plus légers que ceux que nous avions auparavant.

507. Les (porte-plume) en aluminium joignent à l'avantage d'être très-légers, celui de posséder une solidité à toute épreuve.

508. Il existe une quantité incroyable de (tire-bouchon); quelques-uns sont très-ingénieusement construits.

509. Les enfants qui habitent la maison ont dévalisé tous les (garde-manger) qu'elle renferme.

510. Les (serre-tête) sont d'excellentes coiffures pour la nuit.

511. Les (Alcée), les (Simonide), les (Anacréon), les (Pindare), les (Corinne) et les (Sapho) composent la pléiade des poëtes lyriques de la Grèce.

512. Les (Hérodote), les (Thucydide), les (Xénophon), les (Diodore de Sicile), les (Polybe), les (Plutarque), sont les plus grands historiens de la Grèce. Rome compte parmi les siens les (Tite-Live), les (Salluste), les (Cesar), les (Tacite).

513. Les (œil) du pain sont dus à la formation du gaz acide carbonique, qui se développe toujours pendant une fermentation quelconque.

514. Les (œil)-de-bœuf étaient fort à la mode du temps de Louis XIV.

515. Il y a trois sortes de plantes, savoir, les myosotis, les scabieuses et les adonis, qui sont quelquefois appelés vulgairement (œil) de perdrix.

516. Hercule, le plus illustre des mortels et le premier des demi-dieux, était surtout renommé chez les anciens

---

(1) *Porte-balle, porte-crayon, porte-plume*, sont considérés comme des noms simples.

pour les douze (*travail*) qu'on lui attribuait, et dont un seul eût suffi pour immortaliser un homme.

517. Chacun sera jugé selon ses (*bon*) ou ses (*mauvais*) œuvres.

518. Au xvi⁰ siècle, combien de pauvres diables comme cet intéressant Jean Zécaire, se sont ruinés en cherchant à réaliser (*le grand*) œuvre, c'est-à-dire à fabriquer de l'or.

519. L'opéra intitulé *l'Africaine* a été (*le dernier*) œuvre de Meyerbeer.

520. Les orges sont (*avantageux*) surtout en ce sens qu'(*il*) s'accommodent assez bien des terres de médiocre qualité.

521. En approchant des (*avant-poste*), il nous fallut répondre aux (*qui-vive*) répétés des sentinelles et aux qui (*qui va là*) des patrouilles.

522. Les (*après-demain*) auxquels on nous renvoie souvent quand nous demandons le payement d'une créance, ne nous satisfont nullement.

523. Les (*tic-tac*) des moulins du voisinage nous fatiguent les oreilles depuis le matin jusqu'au soir.

524. Les (*aïeul*) des rois capétiens sortaient, dit-on, des rangs du peuple.

525. Ferdinand le Catholique et Isabelle d'Aragon étaient les (*aïeul*) maternels de Charles-Quint, empereur d'Allemagne et roi d'Espagne.

526. Le médecin Tant-pis allait voir un malade, que visitait aussi son confrère Tant-mieux. Ce dernier espérait, quoique son camarade soutînt que le gisant irait voir ses (*aïeul*).

527. Les (*ail*) passent pour vermifuges et pour préservatifs contre un grand nombre de maladies.

528. Les botanistes connaissent un grand nombre d'espèces d'(*ail*), parmi lesquelles il en est qui sont des plantes alimentaires.

529. (*Quel*) délice d'être avec des gens d'une société agréable !

530. Le chrétien recommandant son cœur à Dieu s'exprime en ces termes : Affranchis-le de tous ses vices, déracine ses passions, efface les impressions que forment les (*mou*) délices.

531. Nous avons acheté (*un petit*) orgue (*portatif*), dont les sons sont très-harmonieux.

532. (*Le*) foudre n'est pas autre chose qu'une décharge électrique qui se produit entre les nuages et la terre. Cette décharge peut s'opérer de plusieurs manières qui constituent autant de variétés de foudres. (*Le*) foudre (*appelé*) (*globulaire*) consiste en un globe lumineux qui descend lentement vers le sol. Après l'avoir touché, il rebondit et se partage souvent en un certain nombre de globes plus petits, puis ces globes éclatent avec fracas en brisant tous les objets qui sont dans le voisinage, ou bien ils disparaissent sans faire explosion et sans laisser de traces.

533. Les personnes (*instruit*) s'imaginent trop aisément que tout le monde les égale en savoir.

534. Personne n'est (*trompé*) maintenant par la faconde intarissable des vendeurs d'orviétan.

535. Si vous faites quelque chose qui mérite d'être (*repris*), on ne manquera pas de vous tancer d'importance.

536. Quelque chose (*vif*) et (*spirituel*) que vous disiez, si vous n'êtes pas un personnage considérable, personne n'en sera (*frappé*).

537. Quelque chose (*neuf*) que contienne ce livre, il n'en est pas moins rempli de défauts.

538. Tandis que dans certains pays (*un*) couple de bœufs suffit pour traîner une charrue, dans d'autres, deux, trois et même parfois quatre couples deviennent nécessaires pour ce travail.

539. Le concile de Nicée décréta que Pâques serait (*célébré*) le premier dimanche qui suivrait la pleine lune venant après l'équinoxe du printemps.

540. Il importe à tout chrétien de faire de (*bon*) Pâques dans le temps prescrit.

541. (*Un*) personne (*gai*) communique sa joyeuse humeur à tous ceux qui l'approchent.

542. C'est (*un grand*) délice de se lever de bon matin pendant l'été, et d'aller contempler l'aurore du haut de quelque éminence.

543. Beaucoup d'hommes instruits, au siècle dernier,

faisaient (*leur*) plus (*cher*) délices de la lecture des poëtes et
des orateurs de la Grèce et de Rome.

544. Dans les Champs-Élysées, dans cet heureux séjour
de paix et de bonheur, les rois foulent à leurs pieds les (*mou*)
délices et les vaines grandeurs de leur condition mortelle.

545. Les Béotiens avaient la réputation d'être des gens
(*brave*) et (*robuste*), mais (*lourd*), (*stupide*), (*ignorant*) et (*grossier*).

546. Le *Pæan* était l'hymne (*national*) des Grecs marchant
au combat; quant à l'hymne (*national*) des Francs dans la
même circonstance, c'était le *Bardit*.

547. (*Le*) plus (*beau*) hymne peut-être que Santeuil, le
célèbre chanoine de Saint-Victor, ait (*compose*) pour le bré-
viaire de Paris, est (*celui*) que l'on chante le jour de la Trinité.

548. Quand le sublime vient à éclater où il faut, il ren-
verse tout comme (*le*) foudre.

549. Le lièvre, voyant qu'il jetait l'épouvante parmi les
grenouilles, s'écria: Je suis donc (*un*) foudre de guerre !

550. La Fontaine appelle les grenouilles (*le*) gent (*marécageux*), et il la qualifie de gent fort (*sot*) et fort (*peureux*).

551. Tous ceux qui ne s'affligent pas des calamités
publiques comme si elles les atteignaient directement, sont
de (*mechant*) gens.

552. Les anciens croyaient que les Pygmées étaient une
nation de (*vilain petit*) gens tout (*noir*), qui habitaient en
Afrique aux environs des sources du Nil et qui passaient
leur vie dans des cavernes, à la manière des Troglodytes.

553. Il arriva en tenant par la main sa petite fille, (*le*)
plus (*charmant*) enfant que j'aie jamais (*vu*).

554. La sœur de Pascal fut (*un delicieux*) enfant, qui obtint
de Richelieu que le père du grand géomètre rentrât en
faveur après sa disgrâce.

555. (*Certain*) gens ont dans les (*tête-à-tête*) une conversation très-agréable, qui restent (*interdit*) à l'arrivée d'un
étranger.

556. Le calife Haroun-al-Raschid envoya à Pépin le
Bref de (*beau*) orgues dont ce roi gratifia l'église de Saint-
Corneille, à Compiègne.

557. Nous avons déjeuné avec (*un*) couple de sardines,

(*un*) couple d'œufs frais et une côtelette de mouton.

558. On avait fini par trouver une fiancée de sa taille au nain Bébé qui vivait à la cour de Stanislas, ex-roi de Pologne et grand-duc de Lorraine. Si Bébé n'était pas mort au moment de la célébration du mariage, on eût eu (*un*) couple vraiment (*lilliputien*), qui eût été très-(*curieux*) à observer.

559. L'homme sage, sans attacher une importance extrême à tous les (*qu'en dira-t-on*), ne laisse pas que d'en tenir un certain compte.

560. Montrez-vous défiant à l'égard des (*pince-sans-rire*) : ils méditent toujours quelque perfidie.

561. Sous Louis XIV et sous Louis XV, la cour exécutait des (*va-et-vient*) continuels de Paris à Versailles et de Versailles à Paris.

562. Si l'on ajoutait foi à tous les (*on dit*), il n'est pas un seul homme dont la réputation demeurerait intacte.

563. A tous les (*pourquoi*) possibles doivent correspondre autant de (*parce que*).

564. On donne le nom d'(*en tout cas*) à des abris qui, suivant l'occasion, peuvent servir soit de parapluies, soit d'ombrelles.

565. Il y a bien des sortes de (*vis-à-vis*) dont on se passerait volontiers.

566. Les (*Duguesclin*), les (*Bayard*), les (*Condé*), les (*Turenne*) se sont illustrés par leurs hauts faits.

567. Les plus importantes familles impériales de Rome comprennent les (*César*), les (*Flavien*) et les (*Antonin*). Constantinople a eu les (*Comnène*), les (*Cantacuzène*), les (*Paleologue*), etc.

568. Les traits d'éloquence ne sont pas rares chez les sauvages d'Amérique : les (*Démosthéne*) au teint cuivré ont eu plus d'une fois des mouvements oratoires que leur eût enviés plus d'un académicien.

569. Les (*Adam-Billault*), les (*Reboul*), les (*Jasmin*), les (*Bloomfield*) furent les (*Virgile*) de l'échoppe.

570. Les aigles (*romain*) avaient fini par devenir l'unique étendard qu'il y eût dans les armées du peuple-roi ; à l'origine, il n'en avait pas été ainsi ; car, outre cette enseigne,

qui marchait toujours en tête, les légions en possédaient quatre autres qui étaient : le loup, le minotaure, le cheval et le sanglier. Ce fut Marius qui proscrivit ces dernières pendant son second consulat, et qui décida qu'à l'avenir les aigles (*seul*) serviraient de signe de ralliement.

. 571. Quand un homme apparaît avec un génie transcendant, dans quelque art ou dans quelque science que ce soit, on dit que c'est (*un*) aigle.

572. Des (*ex-voto*) sont des offrandes faites à Dieu pour l'accomplissement d'un vœu.

573. C'est souvent dans les (*post-scriptum*) qu'est renfermée la pensée principale des lettres.

574. Nous avons assisté aux différents (*Te Deum*) que l'on a chantés à l'occasion des dernières victoires de notre armée.

575. Il y a des recueils contenant les (*Pater*) et les (*Avé*) dans la plupart des langues de la terre.

576. L'Eglise reconnaît deux (*Credo*) : ce sont le symbole des apôtres et le symbole de Nicée.

577. (*Un fou*) amour de la gloire entraîne souvent ceux qui sont à la tête des nations à des entreprises que la raison et l'humanité condamnent également.

578. O mon pays, ô ma patrie, tu seras mes (*éternel*) amours.

579. Dans la composition des fresques des plafonds, les artistes introduisent souvent de (*petit*) amours (*joufflu*), (*armé*) d'un arc et d'une flèche.

580. L'automne (*parfumé*) par les senteurs qu'exhalent les fruits mûrs est loin d'être (*dépourvu*) de charmes.

581. Les personnes véritablement (*instruit*) trouvent toujours quelque chose de (*nouveau*) à apprendre.

582. Le mot italien carbonaro signifie charbonnier ; les (*carbonaro*) étaient les membres d'une société secrète organisée d'abord en Italie et ensuite en France pour le triomphe des idées libérales.

583. Rien de plus ridicule que ces faux (*dilettante*) qui affectent de se pâmer d'aise dès que le moindre artiste s'apprête à chanter.

584. A Naples, des milliers de mendiants appelés (*laza-*

rone) vivent une journée en mangeant seulement pour un sou de macaroni.

585. Les aigles sont à peu près les plus (*grand*), et sans contredit, les plus (*fort*) des oiseaux de proie. Il existe environ douze espèces. d'aigles, dont les plus importantes sont: l'aigle (*imperial*) que l'on rencontre dans les Alpes, dans le Tyrol, en Autriche, en Bohême et dans le Harz; l'aigle (*commun*) ou (*royal*) (*répandu*) dans toute l'Europe, dans l'Asie et dans l'Amérique septentrionale; l'aigle (*criard*), (*appelé*) encore aigle (*tachete*) ou (*petit*) aigle, qui se plaît dans les forêts de l'Europe méridionale et orientale; enfin l'aigle (*botté*), charmante petite espèce qui a les pieds emplumés jusqu'aux doigts, un bouquet de plumes blanches à la naissance des ailes et la queue toute brune en dessus.

586. La Fontaine, dans sa fable intitulée l'Aigle, la Laie et la Chatte, nous représente (*un*) aigle (*rempli*) de tendresse pour ses petits, au point de ne pas les quitter un instant, même pour aller leur chercher à manger, et les faisant mourir de faim par tendresse maternelle.

SUPPLÉMENT AUX SIGNES ORTHOGRAPHIQUES.

Des accents, de l'apostrophe et du trait d'union.

§§ 143-148. — (Ecrivez ce qui suit en substituant l'orthographe moderne à l'ancienne.)

64. LE BUCHERON.

Un pauvre *buscheron*, *nomme* Sganarelle, perdit sa *cognee*. Qui en fut bien *fasche*? Ce fut lui *assurement*. *Aussitost* il implora Jupiter *a* genoux, la *teste* nue, les bras *estendus* en *lair*, les doigts des mains *escarquilles*. «Ma *cognee*, o Jupiter, *sescriait*-il, ma *cognee* et rien de plus!» La formidable exclamation de Sganarelle fut entendue par le *maistre* des dieux au fond de *lOlympe*. «Qui donc hurle *la bas* de la sorte? *fit il*. Voyez, Mercure, ce que *cest*. » Mercure regarde par la trappe des cieux, et *sestant informe* de quoi il *sagit*, en rend compte au conseil des immortels. « Il est *escrit* au livre des destins, dit Jupiter, *quil* faut rendre *a* cet homme sa *cognee*. Descendez, Mercure, *jusqua* lui, et jetez *a* ses pieds trois *cognees*, la sienne, une autre *dor* et une *troisiesme dargent. Sil* prend la sienne et *sen* contente, *donnez lui* les deux autres. S'il en prend une autre, *coupez lui* la *teste* avec la sienne propre. Et traitez ainsi *desormais* ces perdeurs de *cognees*. » — Mercure, avec son chapeau pointu, sa capeline et son *caducee*, fend le vide de *lair*, descend *legerement* sur la terre et jette aux pieds de Sganarelle les trois *cognees*. « Choisis ta *cognee* parmi *celles ci,* lui *dit il,* et *emporte la.* » Sganarelle *souleve* la *cognee dor* et la trouve trop pesante. Ce *nest* point la mienne, *sescrie il.* » Il fait de *mesme* pour la *cognee dargent.* Puis il prend la *cognee* de bois, regarde au bout du manche, y reconnaît sa marque et tressaillant de joie, comme un renard qui rencontre des poules *esgarees* : « *Celle ci estoit* la mienne, *dit il;* si vous voulez me la laisser, je vous offrirai un pot de lait. — *Prends la,* bonhomme, dit Mercure, et puisque tu *tes montre modere* en *matiere* de *cognee,* je te donne les deux autres. Te *voila* riche *doresnavant,* sois homme de bien. »

———

65. *Suite.*

Sganarelle remercie Mercure, *revere* le grand Jupiter, et, avec ses trois *cognees, sen* va se prélassant par tout le pays. Le lendemain, *vestu dune* souquenille blanche, il se rend *a* la ville voisine, *ou* il les change contre de beaux *escus.* Il en *acheste* force *pres,* vignes, bois, *estangs,* animaux de toutes sortes, et en peu de temps il devint l'homme le plus riche du pays.

Les paysans du voisinage voyant la *prosperite* subite de Sganarelle, furent bien *estonnes* et devinrent envieux de cette fortune *inopinee.* Ils *commencerent a senquerir* comment lui *estait* venu ce grand *tresor. Layant* appris : « *Ile, dirent ils,* ne *tiendrait il qua* la perte *dune cognee* que nous fussions riches ? Il ne nous en *coustera guere.* » A partir de ce moment il *nestait buscheron* qui ne *perdist* sa *cognee. Mesme,* certains petits gentilshommes ayant appris cette aventure, vendirent leurs *espees* et *acheterent* des *cognees,* afin de les perdre, comme les paysans, et de redevenir riches. Et tous de crier, de prier, de se lamenter et *dinvoquer* Jupiter. Mercure leur fut encore *depesche* avec trois *cognees, lune dor, lautre dargent* et la *troisiesme nestant* autre que celle *quils* avaient perdue.

------

66. *Suite.*

Tous choisissaient la *cognee dor ;* mais pendant *quils* se baissaient pour la ramasser, Mercure leur tranchait la *teste,* selon *lordre* de Jupiter. Et le nombre des *testes coupees* fut *egal a* celui des *cognees* perdues. *Voila* ce que *cest ; voila* ce *quil* advient *a* ceux qui forment des souhaits *mediocres.* Prenez tous exemples *la dessus,* et *desormais* ne dites plus : *Plust a* Dieu que *jeusse presentement* cent soixante et dix-huit millions *dor !* Que souhaiterait de plus un roi, un empereur ?

Aussi, *voyez vous* par *experience quayant* fait des souhaits *outres,* vous *nobtenez* pas plus que deux hommes *tres connus a* Paris. *Lun* souhaitait avoir en beaux *escus* au soleil autant *dargent* qu'il en avait *este despense a* Paris en ventes et achats, depuis *quon* en jeta les premiers fondements *jusqua lheure presente,* le tout *estime* au taux de la plus *chere annee* qui *eust este* pendant ce laps de temps. Cet homme *estait il desgoute? Lautre* souhaitait que *leglise* de Notre-Dame *fust* toute pleine *daiguilles* et *quil eust* autant *descus quil* en pourrait entrer dans tous les sacs que *lon* coudrait avec ces aiguilles, *jusqua* ce que chacune *delles fust cassee* ou *espointee. Cest* souhaiter cela, que vous en semble ?

Souhaitez la *mediocrite,* vous serez sur de *lobtenir.*

------

67. LE PAYSAN DU DANUBE.

(Transcrivez ce morceau en vous conformant à l'orthographe actuelle)

Un pauvre paysan des rives du Danube, dit Marc-

Aurèle, vint au *senat* se plaindre des juges romains qui opprimaient son pays.

Cet homme avait le visage petit, les *levres* grosses, les yeux profonds, la couleur *haslee*, les cheveux *herisses*, le sayon de poil de *chevre*, la ceinture de jonc marin, la barbe longue et *espaisse*, et un *baston* a la main. « O *peres* conscrits, *sescria il*, je prie les dieux immortels *quils* gouvernent et *reglent* aujourd'hui ma langue, afin que je dise ce qui convient et est *necessaire a* mon pays. Vous vous *estes empares* de *nostre* pays, car les dieux *estaient courrouces* contre nous. Vous *nestes* ni plus belliqueux, ni plus courageux, ni plus hardis, ni p'us vaillants guerriers que nous; mais les dieux *ordonnerent* que pour *chastier* nos vices *desordonnes*, vous fussiez nos cruels bourreaux. A cette heure, vous nous traitez en esclaves; mais peut *estre* nous *reconnaistrez vous* quelque jour pour seigneurs. Savez *vous* ce que vous avez fait, Romains ? Nous avons tous *jure* de quitter nos douces compagnes et de tuer nos propres enfants.

» Un pauvre homme vient ici demander justice; comme il *na* ni argent *a* donner, ni pourpre *a* offrir, on le paie de paroles. *Quai je* vu *a* Rome depuis que *jy* suis *arrive*? *Lintemperance* et la mollesse.

» Si ma langue vous a *offenses* en quelque chose, je *mestends* ici en ce lieu pour que vous me coupiez la *teste*. »

Le *senat* ayant remis *laffaire* au lendemain pour en *deliberer*, nous *pourveusmes*[1] de juges nouveaux les rivages du Danube, et *commandasmes* que ce rustique nous *donnast* par *escrit* tout son discours, afin *quil fust* mis au livre des bons dits des *estrangers* qui *estait* au *senat*. *Lassemblee pourveut mesme* aussi *a* ce que ce rustique *fust* fait patrice *a* Rome et *fust* toujours *sustente* du *tresor* public.

(1) Pourvoir.

SYNTAXE D'ACCORD.

Accord du verbe avec le sujet.

68. Exercice.

§§ 154-164. — (Faites accorder avec leurs sujets tous les verbes mis à la 1re personne du singulier.)

587. Vous qui (*ai*) beaucoup voyagé, avez-vous eu l'occasion d'observer l'étrange phénomène connu sous le nom de mirage ?

588. Socrate, c'est toi qui, en conseillant aux hommes d'apprendre à se connaître eux-mêmes, leur (*traçai*) la voie dans l'étude de la morale privée et publique.

589. Ce (*suis*) la connaissance de l'astronomie qui permet aux navigateurs de se diriger au milieu du vaste océan.

590. Ce (*fus*), dit-on, des marchands phéniciens qui découvrirent par hasard la manière d'obtenir le verre.

591. Ce (*suis*) la danse et la musique qui charment ses loisirs.

592. O hommes ! est-ce donc vous qui vous (*regarde*) comme n'étant tous ensemble qu'une seule famille dont le père est au ciel ? Est-ce vous qui ne (*vis*) que du seul amour de ce père céleste, qui n'(*aime*) ni le prochain ni vous-mêmes que pour l'amour de lui, et qui ne (*forme*) qu'un cœur et qu'une âme ? Hélas ! non, vous êtes encore bien loin de cet idéal !

593. Mon ami ou moi (... *efforcerai*) de vous rendre le service que vous nous demandez.

594. Mes parents ou moi (... *répondrai*) à la lettre que nous avons reçue de mon frère.

595. Fontenelle et Racan ont composé des églogues : l'un et l'autre (*demeure*) bien au-dessous de Théocrite et de Virgile.

596. Horace et Vida ont composé des poëmes didactiques sur l'art poétique; l'un et l'autre (*ai*) traité ce sujet d'une façon moins large et moins générale que Boileau.

597. Après notre mort, selon que nous avons bien ou mal vécu, le ciel ou l'enfer (*serai*) notre partage.

598. La gentillesse ou la douceur apparente du chat n'(*exclus*) pas chez lui la perfidie.

599. Montpellier ou Bordeaux (*serai*) le lieu où je me retirerai des affaires.

600. On a prétendu faussement qu'Homère et Hésiode s'étaient disputé le prix de la poésie. Ce fait est matériellement impossible, puisque l'un et l'autre (*vivais*) à plus d'un siècle d'intervalle.

601. Ni l'un ni l'autre des deux compétiteurs n'(*obtiendrai*) la chaire vacante à l'université de Gottingue.

602. L'Espagne et le Portugal (*compose*) par leur réunion la péninsule Ibérique.

603. Le zèbre et l'hémione (*pourrais*) peut-être servir à transporter nos fardeaux.

604. L'aigle et le vautour (*détruis*) une infinité d'animaux.

605. Mon frère et moi (...*visitai*) la cathédrale de Reims et (... *constatai*) qu'elle (*avais*) été construite pendant la seconde moitié du XVII° siècle.

606. Ce (*suis*) deux physiciens de nos jours qui les premiers (*déduisis*) la vitesse de la lumière d'expériences faites à la surface de la terre.

607. O Dieu, c'est vous qui (*fis*) la terre, les cieux et tout ce qui existe.

608. Les Allemands peuvent dire : C'est nous qui (*ai*) pénétré les premiers le secret de la formation des langues ; c'est nous qui (*ai*) retrouvé les titres établissant la parenté des différents peuples de l'Europe.

609. Ni Sylla ni Lucullus ne (*eus*) l'honneur de mettre fin à la guerre contre Mithridate ; cette gloire (*étais*) ré-

servée à Pompée, quoique ses deux prédécesseurs (*eusse*) abattu presque totalement la puissance de ce souverain.

610. Ni ton frère ni le mien ne (*serai*) (*nommé*) consul à Valparaiso.

611. Ce (*étais*) les Parques qui, d'après la mythologie, tranchaient le fil de nos jours.

612. Ce (*suis*) le sec et l'humide, disaient certains philosophes, qui, en se mélangeant en mille proportions différentes, ont donné naissance à tous les corps répandus dans l'univers.

613. Quelles sont les principales races d'hommes qui peuplent l'Europe? — Ce (*suis*) la race grecque, la race latine, la race celtique, la race germanique, la race scandinave et la race slave.

614. Mon ami ou moi (... *chercherai*) à vous satisfaire.

615. Ton frère ou toi (*se figurer*, ind. pr.) à tort que les Pyrénées sont des montagnes aussi élevées que les Alpes.

616. Eschyle ou Sophocle (*remportais*) le prix de tragédie que les Athéniens décernaient chaque année pour la meilleure pièce qu'on eût vue sur le théâtre.

617. Ton père ou toi (...*viendrai*) avec nous aux eaux du Mont-Dore.

618. Ce (*suis*) nous qui (*ai*) appris à lire et à écrire à cet enfant.

619. Si ce (*suis*) vous qui (*ai*) peint ce tableau, je vous en félicite.

620. La géologie nous révèle qu'une foule d'espèces d'animaux et de végétaux (*ai*) disparu de la surface du globe depuis les premiers temps de la création.

621. Souvent, dans une administration, le grand nombre des employés (*nuis*) à la rapide expédition des affaires.

622. Ni l'eau pluviale ni l'eau des puits ne (*suis*) (*bonne*) à boire : la première ne contient pas assez de sels, et la seconde en contient trop.

623. Ni la lune ni les planètes (*n'exerce*) d'influence sur la température de notre globe.

624. Ni l'eau ni le feu ne (*constitue*) les moyens de destruction les plus violents que l'homme (*aie*) à sa disposition.

625. Toi et ton maître (...*fus*) émerveillés, quand vous (*parcourus*) les Pyrénées et que vous en (*visitai*) les plus beaux sites.

626. L'huître et l'escargot (*parais*) en abondance sur les tables parisiennes.

627. Henri IV s'étant égaré à la chasse, et ayant rencontré un paysan, l'(*avais*) fait monter en croupe derrière lui. Tandis qu'il se (*dirigeais*) vers le rendez-vous qu'il (*avais*) assigné aux personnes de sa suite, le paysan lui fit part du désir qu'il (*avais*) de voir le roi. « Quand nous (*serai*) parvenus au terme de notre course, lui dit Henri IV, celui que tu (*verrai*) avec son chapeau sur la tête, tandis que tous les autres (*serai*) découverts, ce (*serai*) le roi. » On arrive : tout le monde (*mets*) chapeau bas : « Eh bien, demande Henri IV au paysan, qui (*suis*) le roi? — Ma foi, monsieur, (*reponds*) celui-ci, ce (*suis*) l'un de nous deux, car vous et moi (*suis*) les seuls qui (*aie*) nos chapeaux sur la tête. »

628. Ton homme d'affaires ou toi (...*aurai*) à examiner le parti que vous (*devrai*) prendre.

629. Peu de gens (*supporte*) un avis, et pourtant beaucoup (*aime*) à conseiller.

630. Quoique Corneille et Voltaire (*sois*) deux grands poëtes, l'un et l'autre ne (*suis*) pas (*exempt*) de défauts.

631. Roucher et Michaud ont chanté le printemps; ni l'un ni l'autre ne me (*parais*) avoir atteint la perfection de Virgile.

632. Ni Priestley, ni Lavoisier ne (*découvris*) la véritable nature du chlore, ce (*fus*) Berthollet qui (*fis*) cette découverte.

633. Ni le corbeau ni la pie ne (*fournis*) une chair qui (*sois*) un manger délicat.

634. Ni les fraises ni les groseilles ne (*conviens*) à tous les estomacs.

635. Ni l'histoire, ni la géographie, ni la physique ne (*satisfais*) l'avide curiosité de ce jeune homme.

636. Un Perse voulant donner aux Grecs une idée des forces de ses compatriotes, disait que la nuée de leurs

traits (*pouvais*) obscurcir le soleil. « Tant mieux, répondit un Spartiate, nous combattrons à l'ombre. »

637. Le peu d'encouragements que nous reçûmes, nous (*empéchai*) de poursuivre notre entreprise.

638. Le peu d'encouragements que nous reçûmes (*ravivai*) nos espérances qui commençaient à s'éteindre.

639. Louis XII et François Ier (*conquis*) et (*perdis*) plusieurs fois le Milanais.

640. Le pain et la viande (*fus*) toujours la base de l'alimentation des hommes dans les climats tempérés.

641. Le bouleau et l'érable (*possède*) une sève sucrée avec laquelle on (*peux*) fabriquer une boisson spiritueuse.

642. François Arago, pendant qu'il était occupé à mesurer en Espagne un arc du méridien de Paris, fut plusieurs fois arrêté par une troupe de bandits qui (*hantais*) les montagnes où il faisait ses observations.

643. La totalité des singes que l'on force à vivre en France ou en Angleterre (*meurs*) de phthisie.

644. Dès que Cook relâchait à Taïli ou à Hawaï, une multitude de sauvages (*accourais*) dans leurs pirogues, (*grimpais*) sur le vaisseau de tous les côtés, et s'(*installais*) sur le pont comme si le navire leur eût appartenu.

645. Le duc de Mayenne et Philippe II (*convoitais*) secrètement le trône de France après l'assassinat de Henri III; ni l'un ni l'autre ne (*réussis*) à y monter.

646. Le directeur de la Scala à Milan a engagé deux actrices, pour jouer le rôle de Françoise de Rimini. L'une ou l'autre s'en (*acquitterai*) à la satisfaction des spectateurs.

647. Ni l'or ni l'argent ne (*constitue*) les véritables richesses ; ce (*suis*) plutôt les productions de la terre et les animaux qui (*pais*) à sa surface.

648. Ni le marbre ni l'albâtre ne (*décore*) la maison du sage.

649. Ni le foin ni l'avoine que ce fermier récolte, ne (*suffis*) pour la nourriture de ses bestiaux.

650. Ton ami et toi (*dois*) avoir les mêmes sentiments, les mêmes idées, la même volonté, autrement votre amitié ne (*pourrais*) subsister.

651. Mon père et moi (*fis*) l'été dernier un voyage sur

les bords du Rhin, et (*décrivis*) toutes les ruines que nous
(*aperçus*) sur les montagnes qui bordent ses rives.

652. Il est juste que je paie le dîner, puisque c'est moi
qui vous (*ai*) invités.

653. Nisus et Euryale, ces deux frères d'armes qui (*avais*)
juré de mourir l'un pour l'autre, étant tombés entre les
mains des Rutules : « C'est moi seul, c'est moi seul, s'écria
Nisus, qui (*formai*) le dessein de vous attaquer, moi qui
(*engageai*) mon ami dans cette périlleuse entreprise, moi
qui l'(*emmenai*) sans qu'il sût presque où je le conduisais.
S'il y a crime, que ce crime retombe sur moi, qui (*suis*) le
seul coupable, et non sur mon ami qui n'(*ai*) à se reprocher
que sa trop vive affection pour moi. »

Accord de l'attribut avec le sujet, et des mots modifiant le sujet ou l'attribut.

69. UNE TOUCHANTE COUTUME DES INDIENS.

§§ 165-170. — (L'élève fera accorder les attributs avec le sujet, ainsi que les
adjectifs se rapportant au sujet ou a l'attribut, et quelques autres.)

Un jour que (*seul*) nous parcourions les rivages du Mes-
chacébé (1), (*curieux*) de visiter la chute du Niagara,
(*véritable*) merveille de cet empire, nous étions arrivés,
(*fatigue*) d'une longue marche, près de ses bords, lorsque sous un arbre nous aperçûmes une femme : elle était
(*triste*) et pleurant, tenant sur ses genoux le cadavre de son
enfant. Nous approchant, (*attentif*) à ses paroles, nous l'en-
tendîmes qui disait : — Si tu étais resté parmi nous, enfant qui nous (*étais*) si (*cher*), comme ta main eût été (*gracieux*) pour bander l'arc, et tes bras (*fort*) pour dompter
l'ours en fureur, et sur le sommet des montagnes, (*dernier*)
refuges du chevreuil, tes pieds eussent été assez (*rapide*)
pour l'atteindre ; (*blanc*) hermine du rocher, si (*jeune*), être
allé dans le pays des âmes ! Comment pourras-tu y vivre ?

(1) Ou Mississipi, grand fleuve de l'Amérique septentrionale.

Ton père et moi ne (*serai*) plus là, (*prêt*) à prévenir tes dé-
sirs, (*attentif*) à tes besoins. Oh! que je serais (*heureux*) d'aller te rejoindre, te chanter tes chansons (*préfere*)! — Et la
(*jeune*) mère, (*touchant*) image de la douleur, chantait d'une
voix (*tremblant*), balançait l'enfant sur ses genoux, et prodi-
guait à la mort (*tout*) les soins que l'on donne à la vie.
Cette femme voulait, selon la coutume (*indien*), faire sécher
le corps de son fils sur les branches d'un arbre, afin de
l'emporter ensuite, souvenir vénéré, au tombeau de ses pères. Elle dépouille toute (*pensif*) le nouveau-né, embrasse
ses restes (*glace*), puis se lève (*chancelant*), cherchant des
yeux un arbre où elle pût exposer son enfant; elle choisit
un érable à fleurs (*rouge*), festonné de guirlandes d'apios,
d'où s'exhalaient les parfums les plus (*suave*). D'une main,
elle en abaissa les branches (*inferieur*), et de l'autre elle y
plaça le corps. Laissant alors échapper la branche, la branche (*flexible*) retourna à sa position (*naturel*), emportant, (*ca-
ché*) sous son feuillage, berceau tremblant et parfumé, la
dépouille de l'innocence.

---

70. SUITE.

Oh! que cette coutume (*indien*) est (*touchant*)! Je vous ai
vus dans vos campagnes (*désole*), (*pompeux*) monuments des
Crassus et des César, et je vous préfère encore ces tombeaux
(*aerien*) du sauvage, mausolées de fleurs (*parfumé*) et de verdure (*éclatant*), que fouille l'abeille (*laborieux*), que balance
un (*doux*) zéphir, et où le rossignol bâtit son nid et fait
entendre sa (*plaintif*) mélodie. — Nous nous approchâmes
(*pensif*) de celle qui gémissait au pied de l'érable, et nous
lui imposâmes les mains sur la tête, en poussant les trois
cris de douleur; puis, prenant comme elle un rameau, nous
écartions les insectes, troupe (*bourdonnant*) et (*avide*), qui vo-
laient autour de l'enfant; mais nous prenions garde d'effrayer une colombe (*voisin*); l'Indienne lui disait : — Colombe, tu es (*blanc*) et (*doux*) comme l'âme qui s'est envolée;
peut-être es-tu une mère cherchant quelque chose pour

faire un nid; prends de ces cheveux, qui sont si (*blond*) et si (*doux*) ; prends-en pour tes petits ; puisse le Grand-Esprit te les conserver ! — Tandis que tous deux, (*ému*) et (*recueilli*), nous accomplissions ce (*pieux*) devoir, un (*jeune*) homme s'approcha : Fille de Céluta, retire notre enfant, nous ne séjournerons pas longtemps ici, et nous partirons au premier soleil. — Nous lui dîmes alors : — Frère, que le ciel te soit (*bleu*), la chasse (*abondant*) et que le Grand-Esprit t'envoie l'espérance. Tu n'es donc pas de ce désert? —Non, répondit le jeune homme, elle et moi (*je suis exilé*) nous cherchons une patrie. — En disant ces mots, ses yeux se voilèrent de larmes. Nous crûmes devoir être (*discret*), et nous leur dîmes : — Voulez-vous nous permettre d'allumer votre feu cette nuit? — Soyez le bienvenu, répondit le guerrier, mais nous n'avons pas de cabane; si vous voulez nous suivre, nous camperons au bord de la chute. — Ayant accepté son offre, nous partîmes ensemble.

Accord des adjectifs déterminatifs.

71. Exercice.

§§ 176-187. — (Faites accorder suivant les règles.)

654. Tandis que nos unités de mesures itinéraires sont la lieue et le kilomètre, presque tous nos voisins ont adopté le mille, dont la valeur change d'un pays à l'autre. Par exemple, tandis que 4 (*mille*) allemands valent 7 de nos lieues, 5 (*mille*) anglais font environ 8 kilomètres.

655. (*Tout*) stupides que paraissent les dindons réduits en domesticité, à l'état sauvage ils donnent parfois des signes non équivoques d'une intelligence au moins égale à celle de beaucoup d'autres animaux.

656. (*Tout*) les grandeurs de ce monde ne valent pas un bon ami.

657. Dans les combats, les Gaulois étaient (*tout*) feu à la première attaque; mais rencontraient-ils une résistance

inattendue, (*tout*) leur ardeur s'évanouissait pour faire place à un complet découragement.

658. Les petites filles sont (*tout*) honteuses quand on les surprend en flagrant délit de gourmandise.

659. Les habitants de Clusium étaient (*tout*) disposés à traiter avec les Gaulois, lorsque les trois envoyés du Sénat de Rome les encouragèrent à la résistance et poussèrent l'oubli du devoir jusqu'à se mettre à leur tête.

660. (*Tout*) héroïque que fut la conduite d'Artémise à la bataille de Salamine, elle n'en eut pas moins un caractère de duplicité qui en diminue le mérite.

661. (*Quelque*) fût la bonne volonté des Syracusains, ils n'osaient pas d'abord aider Dion à chasser Denys le Jeune de leur ville.

662. (*Quelque*) extravagante que soit une opinion, il est rare qu'elle n'ait pas été soutenue par un ou plusieurs philosophes.

663. (*Tout*) hérissée de difficultés qu'est la science, elle a, pour les esprits d'élite, un attrait qui la rend préférable à leurs yeux à tous les plaisirs mondains.

664. La plupart des découvertes, sinon (*tout*), sont dues au hasard. Telle est, entre autres, celle des longues-vues ou lunettes d'approche, attribuée à un opticien hollandais nommé Drebbel.

665. On écoute toujours avec plaisir les personnes qui chantent (*juste*), quand même elles n'auraient pas une très-belle voix.

666. Ces dames voient (*clair*) à leurs affaires et ne se laisseraient pas duper facilement.

667. Mère écrevisse disait à sa fille : Comme tu vas ! Ne peux-tu marcher (*droit*) ?

668. Êtes-vous les ingénieurs qui ont conçu le projet de relier la France et l'Angleterre par un chemin de fer sous-marin ? — Nous (*le*) sommes.

669. La nation qui se montra (*le*) plus industrieuse dans les temps modernes, ce fut l'Angleterre ; celle qui se montra (*le*) plus avide de s'instruire, ce fut l'Allemagne.

670. Malgré le soin avec lequel les navigateurs ont

exploré la surface des mers, (*quelque*) îles restent encore à découvrir.

671. (*Quelque*) admirables que soient les découvertes de Newton, celles de Pascal, de Descartes et de Leibnitz ne (*le*) sont pas moins.

672. Alexandre le Grand avait (*quelque*) trente ans quand il entreprit de renverser l'empire des Perses.

673. (*Quelque*) puisse être notre science, nous sommes bien loin de tout savoir.

674. (*Quelque*) curieux que nous soyons, notre paresse surpasse encore notre curiosité.

675. (*Quelque*) stériles que soient certaines terres, il y a toujours moyen de les utiliser.

676. C'est en l'an 480 [1] avant notre ère qu'eurent lieu le combat de Thermopyles et la bataille navale de Salamine.

677. On croit qu'Homère vivait 900 ans environ avant Jésus-Christ.

678. Charlemagne fut couronné empereur d'Occident en l'an 800. A la mort de ce prince, arrivée en 814, son empire fut partagé entre ses fils.

679. Nos soldats ont emporté les trois (*demi*) lunes qui protégeaient la place, et celle-ci fut prise d'assaut à neuf heures et (*demi*).

680. Les trains de Paris pour Versailles, rive droite, au lieu de partir aux heures partent aux (*demi*).

681. Tout le monde sait que deux (*demi*) équivalent à un entier.

682. Les souverains de Babylone maltraitaient cruellement les Juifs pendant leur captivité : ils leur défendaient (*même*) d'ensevelir leurs morts.

683. Les talents, (*même*) les plus transcendants, ne conduisent pas toujours à la fortune.

684. La (*feu*) reine de Belgique était une princesse de la famille d'Orléans.

685. Votre (*feu*) mère était du même âge que la mienne.

686. (*Feu*) votre aïeule épousa un célèbre académicien.

---

(1) Écrire ce nombre en toutes lettres. Cette observation s'applique aux nombres que l'on rencontrera dans la suite de ce devoir.

687. De mauvais plaisants prétendent que les nègres marchent (*nu*) pieds dans les chemins nouvellement caillou t's pour ne pas user leurs chaussures, qui sont à eux, tandis qu'ils ne craignent pas d'ensanglanter leurs pieds, qui appartiennent à leurs maîtres.

688. (*Quelque*) soit la prospérité à laquelle parvienne un homme, elle reste toujours au-dessous de ses espérances et de ses convoitises.

689. (*Quelque*) soient les torts et même les crimes de Louis XI, il n'en a pas moins puissamment contribué à l'accroissement territorial de la France.

690. Il régnait dans la salle une (*demi*) obscurité qui n'empêchait pas de distinguer assez nettement les objets, dès que les yeux s'y étaient un peu accoutumés.

691. Nous avons acheté quatre aunes et (*demi*) d'un drap magnifique.

692. Dix (*demi*) aunes valent (*juste*) six mètres.

693. Ce fut le premier mai 1789 que se réunirent à Versailles les Etats-Généraux, convoqués pour aviser aux réformes urgentes que réclamait la situation de la France.

694. Louis XIV, monté sur le trône en 1643, mourut en 1715, après avoir régné soixante-douze ans.

695. Pendant le terrible hiver de 1709, le froid fut si excessif que la séve, se congelant dans l'intérieur des arbres, les faisait éclater avec un fracas comparable à la détonation des armes à feu. La terre était devenue si dure et si sonore, que le bruit des pas d'une personne s'entendait, assure-t-on, à plus d'une lieue.

696. Les (*même*) soldats qui avaient porté Nerva sur le trône impérial, le massacrèrent (*quelque*) mois plus tard.

697. Les plantes (*même*) exécutent quelquefois des mouvements semblables en apparence à ceux des animaux.

698. (*Quelque*) rares promeneurs s'étaient hasardés malgré le froid dans les allées du bois de Boulogne.

699. Les actions d'un homme, (*quelque*) généreuses qu'elles soient, perdent tout leur mérite quand elles sont faites par ostentation et non dans le seul but d'accomplir le bien.

700. Les mammifères, les oiseaux, les poissons, les reptiles, les insectes (*même*) sont pourvus d'un appareil destiné à la sécrétion de la bile.

701. Dès que nous aurons reçu des nouvelles de notre oncle d'Amérique, nous vous (*le*) transmettrons.

702. Veuillez nous dire si vous êtes gens à nous rendre service? — Nous (*le*) sommes.

703. Etes-vous les personnes que nous attendons?— Nous ne (*le*) sommes pas.

704. Dites-nous si vous êtes ingénieurs? —Nous ne (*le*) sommes pas.

705. Les architectes du moyen âge savaient observer de (*juste*) proportions entre les diverses parties d'un édifice, ce qui ne se fait pas toujours aujourd'hui.

706. (*Feu*) la duchesse de Marlborough, après avoir été la favorite de la reine Anne d'Angleterre, subit une disgrâce éclatante.

707. Les coqs de bruyère ou lagopèdes, ont les pattes recouvertes de plumes jusqu'à la naissance des doigts; ils diffèrent donc sous ce rapport des autres gallinacés, qui ont les jambes (*nu*).

708. A toutes les époques de l'histoire, les hommes placés dans les (*même*) circonstances commettent à peu près les (*même*) fautes ; ce qui prouve qu'ils ne profitent guère des leçons du passé.

709. Christophe Colomb, dans ses différents voyages, reconnut les îles Lucayes, les grandes et les petites Antilles et (*même*) les côtes de la Colombie.

710. Les animaux, (*même*) les plus crue's, sont quelquefois reconnaissants : comment les hommes ne le seraient-ils pas toujours?

711. Les peuples sauvages (*même*) ont une connaissance assez exacte de l'année lunaire.

712. La vérité *tout* (*nu*) effraye bien des gens.

713. Il y a plusieurs professions dans lesquelles on travaille (*nu*)-pieds, et plusieurs autres où l'on a constamment la tête et les bras (*nu*).

714. En 1864, la valeur de l'exportation des tissus de

soie était pour l'Angleterre de 80 (*million*) ; celle des tissus et fils de lin montait à 200 (*million*).

715. Les philosophes et les rhéteurs grecs étaient (*tout*) particulièrement estimés dans la famille des Scipions, dont la maison était pour eux un asile ouvert à (*tout*) heure et dans (*tout*) les circonstances imaginables.

716. La comédie, (*tout*) spirituelle qu'elle était dans Aristophane, n'en méritait pas moins d'être blâmée, à cause des licences qu'elle se permettait et des attaques (*tout*) gratuites auxquelles elle se livrait contre des citoyens inoffensifs.

717. L'honnête homme remplit tous ses devoirs, (*même*) les plus ingrats et les plus pénibles.

718. Les rois eux-(*même*) ne sont pas exempts des maux qui affligent l'humanité.

719. Après la prise de Platée par les Lacédémoniens et leurs alliés, les hommes, les femmes, les vieillards, les enfants (*même*) furent passés au fil de l'épée.

720. Les juges auxquels était remis le soin de punir les coupables, ont voulu produire une profonde impression sur les esprits, ils ont frappé (*fort*).

721. Cornélie, mère des Gracques, considérait ses deux fils comme ses bijoux les plus (*cher*).

722. Achille et ses guerriers furent (*tout*) bouillants de colère, quand ils virent Agamemnon rester sourd à leurs réclamations.

723. Les villes de Paris et de Rouen, (*tout*) éloignées qu'elles sont l'une de l'autre, peuvent communiquer instantanément, grâce au réseau télégraphique qui les relie.

724. Quoique la noblesse de l'âne soit moins illustre, elle est (*tout*) aussi bonne, (*tout*) aussi ancienne que celle du cheval.

725. Messieurs, êtes-vous les inspecteurs que nous attendons ? — Nous (*le*) sommes. — Êtes-vous nommés inspecteurs depuis bien longtemps? — Nous ne (*le*) sommes que depuis trois mois.

726. Bien que la langue grecque soit l'une des plus belles que les hommes aient jamais parlée, elle n'est peut-être
pas pour cela (*le*) plus belle qui ait jamais existé sur la
terre.

727. Ce dont Jeanne d'Arc se montra (*le*) plus préoccupée
dans sa prison de Rouen, ce fut de revoir, ne fût-ce qu'un
seul instant, les champs de Domremy.

728. Les personnes (*le*) plus affligées ne sont pas toujours celles qui s'adonnent aux lamentations (*le*) plus appa-
rentes.

729. Si notre censeur nous traite avec indulgence, nous
vous (*le*) manderons.

Récapitulation générale.

72. PARIS.

(L'élève devra écrire en lettres les adjectifs numéraux écrits en chiffres.)

Paris est la capitale de la France, c'est l'une des plus
grandes, des plus peuplées, des plus riches et des plus com-
merçantes cités du monde. Cette ville, qui résista si souvent
aux Romains et aux autres peuples voisins, fut presque totalement brûlée en 585, souffrit beaucoup des courses des
Normands, qui l'assiégèrent en 800 et 990, fut ravagée sous
le règne de Louis IV, prise par les Anglais sous celui de
Charles VII, brûlée de nouveau en 1034, inondée par la
Seine en 1200, et enfin envahie deux fois par les Anglais,
les Russes, les Prussiens, et presque tous les peuples de
l'Europe en 1814 et 1815. La circonférence de Paris est
de près de 10 lieues, ou 40 000 mètres, ou, en mesures
anglaises, de 24 (*mille*). et sa population de 1 855 274 habitants, c'est-à-dire la presque totalité de la population du
département de la Seine, qui compte 2 151 000 habitants.
Parmi les innombrables monuments que Paris renferme,
on doit citer le palais des Tuileries, bâti en 1504, sur les
dessins de Philibert Delorme et de Jean Bullan, et dont le
magnifique jardin fut dessiné par Lenôtre. Le palais du

Luxembourg, bâti par Jacques Desbrosses, sur le plan du palais des grands-ducs de Toscane. Le Palais de Justice, ancienne demeure de saint Louis : l'église de Notre-Dame, métropole gothique dont les tours, d'une masse imposante, ont 280 pieds de hauteur, et bien d'autres qu'il serait trop long de nommer. Paris est à 988,000 mètres de Londres, à 500 myriamètres de Saint-Pétersbourg, à 280 de Madrid, à 480 de Gênes, et à 170 de Rome.

---

73. LES TORTUES.

(L'élève écrira les mots *même*, *quelque*, *tout*, *le*, *la*, *les*, suivant la règle)

§ 183-188. Il est (*quelque*) animaux, à coup sûr (*le*) plus utiles à l'homme, chez qui tout est bon : (*tout*) les parties du corps peuvent être employées, soit comme aliment, soit comme produit industriel. De ce nombre sont (*tout*) les espèces de tortues. (*Quelque*) déplaisants que nous paraissent ces animaux, (*tout*) bizarres que nous semblent leur construction et leur nature, ils fournissent un précieux aliment et un produit des plus recherchés, l'écaille. D'une nature (*tout*) timide et (*tout*) craintive, cet animal porte avec lui sa maison, où il se retire dès que (*quelque*) danger (*le*) menace, asile protecteur indispensable, sans lequel, vu sa lenteur et sa faiblesse, il serait victime de (*tout*) les attaques. Cette cuirasse ou boîte constitue en grande partie ses os (*même*) ; en sorte qu'on peut dire que la tortue a une charpente osseuse (*tout*) extérieure, ce que Cuvier exprime très-bien en ces (*quelque*) mots : « La tortue est un animal retourné. »

Les diverses espèces sont ou terrestres ou aquatiques. Celles qui vivent dans la mer sont (*le*) plus grosses ; on en connaît (*même*) qui pèsent jusqu'à trois cents kilogrammes, et dont les carapaces sont assez grandes (*même*) pour que des enfants y puissent entrer (*tout*) entiers. Les tortues de terre sont plus petites. Elles font leur nourriture habituelle de

racines, d'insectes, de reptiles (*même*). Elles ont la vie
très-tenace, et supportent (*même*) plusieurs mois d'abstinence. Celles que l'on expédie en France, (*quelque*) soit la
longueur du trajet, sont encore soumises à une abstinence
aussi longue, avant qu'on en fasse un bouillon rafraîchis-
sant, ordonné pour (*quelque*) maladies. Enfin, si on veut
un exemple de vitalité extraordinaire, on n'a qu'à se rap-
peler qu'une tortue vit et remue encore une journée (*tout*)
entière, après avoir eu la tête coupée.

74. Suite.

(*Quelque*) espèces ne sont recherchées que pour leur
chair; mais la tortue marine, ou caret, est (*le*) plus estimée. Elle fournit seule la belle écaille, si employée dans
diverses industries. Ce sont les lames (*même*) qu'on détache
des carapaces qui, ramollies dans l'eau et moulées, forment cette matière blonde et transparente dout on fait des
peignes, des tabatières, etc. Mais, (*quelque*) grandes quan-
tités de tortues que fournissent les pêches maritimes, et
(*quelque*) grandes que soient leurs écailles, cette substance
n'en est pas moins très-chère; aussi a-t-on cherché à en
utiliser les petits morceaux, et même les rognures et les
rebuts. Pour cela, on (*le*) réduit en poudre, qu'on réunit
en masses en (*le*) comprimant dans un cylindre chauffé;
c'est ce qu'on nomme l'écaille fondue. Mais, (*quelque*)
grands soins qu'on prenne pour sa préparation, elle est
toujours noirâtre et cassante. D'autres substances sont
aussi employées pour remplacer ou imiter l'écaille : telles
sont les cornes de (*quelque*) animaux, la gélatine, etc.;
mais ces fausses écailles n'ont ni les (*même*) couleurs, ni
les (*même*) propriétés; et (*quelque*) habiles que soient les
imitations, un œil, (*même*) peu exercé, (*le*) distinguera
facilement.

On pêche rarement la tortue en pleine mer; mais,
comme on sait qu'elle vient pondre ses œufs sur le sable,
c'est là qu'on l'attend, et pour peu qu'on soit patient et

adroit, heureusement que (*tout*) les pêcheurs (*le*) sont, on
peut, à l'époque de la ponte, en prendre plusieurs en une
nuit. Il suffit, en effet, dès qu'on en voit une, de lui couper la retraite et de (*le*) renverser sur le dos ; (*quelque*)
constants efforts qu'elle fasse, elle ne saurait se retourner.
On est donc sûr, (*même*) après plusieurs jours de (*le*) re-
trouver au (*même*) endroit. Sur les côtes de l'Inde et de
l'Afrique, on se livre avec tant d'ardeur à cette pêche, que
(*quelque*) parties du littoral sont dépeuplées de tortues ; et
il est à craindre que la race (*tout*) entière ne disparaisse,
comme elle (*le*) fit sur les côtes de France et d'Angleterre.

-----

75. TAMERLAN.

(*Quelque*) étendues que fussent les possessions de Tamerlan, (*quelque*) fût la puissance de cet empereur des Mogols,
il s'en fallait de beaucoup qu'il s'estimât le plus heureux
des hommes. Ce qui troublait ainsi sa félicité, c'était
un défaut corporel auquel ses courtisans, (*tout*) ingénieux
qu'ils étaient à trouver des expédients pour lui plaire,
étaient dans l'impossibilité la plus absolue de trouver un
palliatif. Le vainqueur de tant de peuples osait à peine
se montrer en public, tant son visage était d'une laideur
repoussante. Un jour qu'il conversait avec son bouffon
Noureddin, l'idée lui vint tout à coup de procéder à sa
toilette et de faire appeler son barbier. Ce dernier se mit
aussitôt en devoir de raser son maître qui, selon l'usage,
tenait à la main un miroir pendant (*tout*) la durée de cette
opération. Noureddin avait le privilége d'y assister, bien
que les plus éminents fonctionnaires, les ministres, les
généraux, les amis (*même*) de l'empereur ne fussent pas
admis à jouir de cette faveur. Soudain Tamerlan, qui
avait été fort gai jusque-là, voyant sa barbe (*à demi*) rasée,
se prit à fondre en larmes. Le bouffon, (*quelque*) fût sa
belle humeur en ce moment, s'empressa d'imiter son
maître, de sorte qu'ils pleuraient tous les deux sans chercher à se consoler mutuellement. Le prince mit le premier

un terme à sa douleur. Quant à Noureddin, il continua de plus belle à verser des larmes. Ni les prières, ni les ordres, ni les menaces (*même*) de son maître ne purent les tarir. (*Quelque*) accoutumée que fût Sa Majesté aux actes d'extravagance de son bouffon, elle finit par s'en inquiéter sérieusement. Elle voulut savoir le motif de la douleur de Noureddin. Mais, pendant longtemps, ses instances, (*tout*) vives qu'elles étaient, ne purent triompher de la réserve du favori, ni le forcer à rompre le silence. Eh! quoi, s'écria Tamerlan, après deux heures (*tout*) entières employées à pleurer la difformité de mes traits, j'ai pensé que je ne devais pas m'abandonner au désespoir, j'ai séché mes larmes, j'ai mis un terme à ma douleur, à mes plaintes, à mes regrets (*même*), que n'en fais-tu autant? — Hélas, reprit Noureddin, si vous qui ne contemplez votre visage que par intervalles, vous éprouvez une émotion telle qu'il vous faille deux heures pour vous rasséréner, croyez-vous que nous autres qui avons sans cesse votre figure devant les yeux, nous puissions, (*tout*) habitués que nous y sommes, nous consoler aussi vite de la difformité de votre auguste personne? »

A ces paroles, le grand Tamerlan partit d'un franc éclat de rire, et (*quelque*) grande que fût sa douleur de se savoir si laid, il l'oublia sur-le-champ.

Participe présent et adjectif verbal.

§§ 188-191. → (L'élève soulignera les participes présents et fera accorder les adjectifs verbaux.)

76. L'ARGYRONÈTE.

Parmi les animaux se (*logeant*) et se (*vêtissant*) eux-mêmes, en vertu de leur instinct particulier, on connaît une araignée dont les procédés en ce genre sont (*surprenant*) par leur extrême singularité. L'argyronète, c'est son nom, est déjà très-remarquable par l'élément dans lequel elle vit. Tandis que les araignées généralement connues sont terrestres, nous voyons celle-ci (*vivant*) au milieu des eaux (*dormant*), et n'en (*sortant*) que pour chasser sur les bords, (*formant*) ainsi une espèce amphibie, mais plus aquatique que terrestre. (*Nageant*) avec une merveilleuse célérité, (*plongeant*) admirablement, (*poursuivant*) sa proie jusqu'au fond de l'eau avec une agilité (*surprenant*), elle peut également bien saisir les mouches (*errant*) sur la terre, puis les transporter au fond de l'eau. C'est toujours là que, (*se pratiquant*) un logement, unique en son genre, elle cherche un sûr asile.

Voici comment elle le construit : (*Posant*) d'abord les premiers fondements, dont la matière (*constituant*) est la soie, et les (*attachant*) à quelques brins d'herbe, elle s'élève ensuite à la surface de l'eau, (*exposant*) à l'air l'extrémité de son corps, rendue (*luisant*) et (*collant*) par une espèce de vernis qui la recouvre toujours, et qui fait qu'une mince couche d'air s'y attache; un instant après, la (*retirant*) brusquement sous l'eau, chargée de la couche d'air qui y est demeurée adhérente, elle va la porter adroitement sous sa tente de soie; (*répetant*) aussitôt la même manœuvre, et (*déposant*) une seconde bulle d'air à côté de la première, elle continue ainsi, (*multipliant*) ses courses, jusqu'à ce que le tout, (*constituant*) une espèce de cloche remplie d'air, elle se trouve en possession d'une petite demeure aérienne (*flottant*) au sein des eaux, la (*logeant*) à sec, et (*remplissant*) toutes les conditions (*important*) de son existence.

---

77. Suite.

(*Logeant*) ainsi à sec au milieu de l'eau (*environnant*), pour donner plus de solidité à son édifice et pour empêcher que les bulles d'air ne puissent le détruire en (*s'échappant*), on la voit alors (*allant*), (*venant*) en tous sens, le (*recouvrant*) de fils de soie très-fins, très-rapprochés, (*s'entre-croisant*) de mille manières, et les (*enduisant*) de cette même matière (*gluant*) qui fait que, l'eau ne (*mouillant*) pas sa demeure, celle-ci va çà et là, (*flottant*) au gré des flots, ou (*s'arrêtant*) aux obstacles de la rive, sans crainte d'être submergée.

Une autre espèce d'araignée, (*offrant*) aussi un genre d'industrie remarquable, est la mygale maçonne. Celle-ci, (*choisissant*) de préférence une terre sèche et (*résistant*), où l'eau, (*s'écoulant*) rapidement, ne forme pas de flaques (*stagnant*), y creuse une galerie d'environ deux pieds de longueur ; mais, (*tapissant*) tout l'intérieur d'une toile de soie, elle établit ainsi une espèce de filet, qui, (*facilitant*) sa marche, retient les grains de sable (*roulant*), et l'avertit de ce qui se passe à l'entrée. Là est une œuvre (*étonnant*), que l'on révoquerait en doute, si des naturalistes sérieux ne l'avaient vue et décrite. Avec une terre (*liant*), la (*pétrissant*) avec de la soie, elle forme une plaque (*résistant*), parfaitement circulaire, et (*s'adaptant*) exactement à l'orifice de la galerie. Tandis que la forme intérieure de ce couvercle est convexe et unie, l'extérieur, (*présentant*) une surface plate et raboteuse, se confond avec la terre (*environnant*), (*dissimulant*) ainsi parfaitement l'entrée. Une charnière lui permet de se lever et de s'abaisser. Enfin, des fils de soie (*pendant*) à l'intérieur, offrent un point d'appui à l'araignée qui, s'y (*accrochant*), résiste aux efforts qui tendraient à forcer l'entrée de sa demeure.

Participe passé dans les verbes actifs.

78. BLAISE PASCAL.

§§ 192-196. — (L'élève fera accorder les participes passés suivant règle.)

A Clermont, en 1623, naquit un homme qui, à douze ans, avec des barres et des ronds, a (*créé*) les mathématiques; qui, à seize ans, a (*fait*) sur les surfaces coniques la plus savante théorie qu'il est (*donné*) de voir depuis l'antiquité ; qui, à vingt-trois, ayant (*démontré*) les phénomènes de la pesanteur de l'air, a (*relevé*) les grandes erreurs de l'ancienne physique et les a (*détruit*) ; qui, à cet âge où les hommes commencent à peine de naître, dédaignant les sciences humaines qu'il avait (*achevé*) de parcourir, et en ayant (*reconnu*) la vanité, a (*tourné*) ses pensées vers la religion ; qui, depuis ce moment jusqu'à sa mort, arrivée dans sa trente-neuvième année, quoique infirme et souffrant, a (*fixé*) la langue qu'ont (*parlé*) plus tard Bossuet et Racine, et (*donné*) les modèles de la plus parfaite plaisanterie comme des raisonnements les plus forts ; enfin qui, dans les courts intervalles que ses maux lui ont (*laissé*), a (*résolu*) par abstraction, un des plus hauts problèmes de la géométrie, et (*jeté*) sur le papier des pensées qui tiennent autant de Dieu que de l'homme. Cet effrayant génie se nommait Blaise Pascal.

· Séduit par les opinions des jansénistes, il les a (*défendu*) avec ardeur, et les écrits qu'il a (*publié*) sur ce sujet, quoique un peu hostiles, réunissent tous les charmes de l'élégance et de la malice. Il mourut à Port-Royal en 1662, sans avoir (*terminé*) le grand ouvrage qu'il méditait sur la religion. Les fragments qu'on a (*conservé*) sous le titre de *Pensées*, quoique sans liaison et sans ordre, sont un chef-d'œuvre de raison et de style. Quelques éditeurs ont (*voulu*) commenter et développer les Pensées ; folle entreprise ! « J'ai (*cru*) voir, dit Chateaubriand, les ruines de Palmyre, restes superbes du génie et du temps, au pied desquelles l'Arabe du désert a (*bâti*) sa misérable hutte. »

---

79. L'ESPAGNE.

(Faites accorder les participes passés suivant la règle.)

L'Espagne est, par son littoral, inaccessible du côté du Midi. Pourtant, au viiie siècle de l'ère chrétienne, les Maures d'Afrique l'ont (*envahi*) ; ils l'ont (*soumis*) et (*conquis*) à l'islamisme pour plus de sept cents ans. Néanmoins elle avait toujours (*possédé*) tous les éléments qui ont (*fait*) la force des nations : un sol fertile, un climat admirable, un

peuple ardent et courageux. D'où vient donc que l'Espagne
n'a pas (*repoussé*) victorieusement l'agression d'un ennemi
qui lui était inférieur? C'est que la politique d'exclusion
qu'avaient (*pratiqué*) les Goths, en se séparant complètement des vaincus, avait (*ruine*) les ressources que le
pays eût encore (*trouve*), s'il eût (*appele*) à son aide les descendants du peuple conquis. Pour avoir (*méprisé*) l'appui
des vaincus, pour avoir (*accoutume*) les peuples à la bas-
sesse et à l'humiliation, ces conquérants de deux siècles
furent condamnés à tomber. Les chaînes n'ont jamais (*su*)
qu'entraver : aussi les peuples qu'on en a (*charge*), et qu'on
a (*cru*) indispensable de réduire à l'asservissement, deviennent inutiles, quand il s'agit de repousser l'ennemi.
Heureusement pour l'Espagne qu'elle avait (*conserve*) quelques hommes qui n'avaient point désespéré de la patrie.
Pélage et ses compagnons avaient (*cherche*) un asile dans les
Asturies; leurs descendants y avaient (*conservé*) leur natio-
nalité et (*agrandi*) peu à peu leurs conquêtes. Bientôt,
grâce aux souvenirs de liberté et d'indépendance qu'ils
avaient (*réveillé*) dans toute la péninsule, ils chassèrent à
leur tour les Maures qui l'avaient (*conquis*).

---

80. LES ÉPREUVES JUDICIAIRES.

(Faites accorder les participes passés suivant la règle.)

Nos ancêtres ne sont pas les seuls qui aient (*employé*)
l'épreuve du feu ; les païens aussi ne l'ont pas (*ignoré*), et en
ont (*fait*) même un fréquent usage. On voit, dans l'Anti-
gone de Sophocle, que des gardes, ayant (*pris*) leurs divi-
nités à témoin, avaient (*offert*) de prouver leur innocence
en maniant un fer chaud, et en marchant sur des charbons
ardents, sans que ni fer, ni charbon, les eussent (*brûlé*).
Les Pères de l'Église racontent dans leurs écrits qu'ils ont
(*vu*) des prêtres égyptiens qui, après s'être (*frotte*) le visage
et le corps avec certaines drogues qu'ils avaient (*compose*),

se plongeaient dans des chaudières d'eau bouillante, sans paraître ressentir la moindre douleur.

On raconte que, sous le règne de Pepin le Bref, l'évêque de Paris et l'abbé de Saint-Denis s'étant (*disputé*) (§ 205) la possession d'un monastère, et ayant (*porte*) leur querelle devant le roi, celui-ci, ne pouvant les mettre d'accord, les avait (*renvoyé*) tous deux au jugement de Dieu. L'évêque et l'abbé nommèrent chacun un homme pour les représenter, et les deux champions s'en allèrent dans la chapelle du palais, où, ayant (*etendu*) leurs bras en croix, il fut décidé que celui des deux qui resterait le plus longtemps dans cette fatigante position, aurait gain de cause. Une multitude de curieux avaient (*envahi*) l'église, pour assister à un spectacle aussi singulier. Plusieurs même avaient (*fait*) des gageures tantôt pour l'un, tantôt pour l'autre. Enfin le champion de l'évêque se lassa le premier; on s'aperçut bientôt qu'ayant (*baisse*) petit à petit les bras, il les avait (*laisse*) tomber. Ce fut ainsi que l'abbé de Saint-Denis gagna son procès.

Participe passé dans les verbes passifs.

81. MADAME DE STAEL.

§§ 197-198. — (L'élève fera accorder tous les participes passés suivant la règle.)

Madame de Staël est (*ne*) à Paris en 1766 ; elle fut (*formé*) dès sa jeunesse à la saine littérature, dans la société des meilleurs écrivains, et est (*devenu*) de bonne heure une enfant prodigieuse. Dans le salon de Mᵐᵉ Necker, sa mère, elle était (*placé*) sur un petit tabouret de bois, auprès de son fauteuil, et là, (*entouré*) de personnages célèbres, tels que Grimm, Thomas, Raynal, Marmontel, elle était sans cesse (*provoqué*) et (*interrogé*) par eux, sans qu'ils l'aient jamais (*trouve*) en défaut. Dès onze ans, des portraits et des éloges furent (*composé*) par elle; des ouvrages remarquables par leurs sujets et les réflexions qui les accom-

4

pagnent, furent (*écrit*) par elle à quinze ans. Ces premiers essais furent (*suivi*) d'une foule d'autres compositions, où sont (*admiré*) surtout la richesse des détails, la vivacité du récit, et l'élévation des pensées.

Pour que ses ouvrages fussent (*rendu*) plus parfaits, il eût (*suffi*) peut-être qu'un talent lui fût (*ôté*), celui de la conversation. En écrivant, en effet, elle croyait converser encore; et longtemps ses écrits se sont ressentis des habitudes et de la libre allure du dialogue. Des négligences, des façons de dire (*ébauché*) y sont fréquentes. Néanmoins, malgré les défauts de sa manière, le nom de Mme de Staël sera toujours (*ajouté*) à la liste des noms qui ne doivent pas périr et qui ne seront jamais (*oublié*). Ses ouvrages, par les imperfections mêmes dont ils sont (*entaché*), par la succession (*précipité*) des mouvements, ne traduisent que mieux sa pensée subtile, son âme respirante et (*agité*). Par de nombreux traits favorables au protestantisme, la religion de l'auteur est aisément (*reconnu*). Sa fin prématurée est à regretter, car, à mesure que la jeunesse pesait moins sur sa vie, sa pensée se dégageait, et son style (*épuré*) prenait plus d'immortalité.

Participe passé dans les verbes neutres.

82. LES HIRONDELLES.

§§ 199-202. — (L'élève fera accorder tous les participes passés suivant la règle.)

Parmi les oiseaux voyageurs, les hirondelles sont ceux qui nous ont toujours le plus (*intéressé*), car une année ne s'est jamais (*passé*) sans qu'elles soient (*venu*) habiter six mois avec nous, et leur confiance en nous est telle que, bien des fois, elles ont (*demeuré*) dans l'intérieur même de nos habitations. Aussitôt que les froids ont (*cessé*), et que la température est (*devenu*) plus douce, sous l'influence des vents du midi, peu de jours s'écoulent sans que les hirondelles aient (*reparu*) parmi nous; et comme leur instinct les conduit toujours dans les lieux où elles ont (*demeuré*) l'année précédente, et où la plupart d'entre elles sont (*né*), elles témoignent, par leurs allées et venues, par leurs cris, le plaisir qu'elles éprouvent en voyant leur ancienne demeure, leur berceau. Puis, quand elles ont (*volé*) çà et là, (*choisi*) la place de leur futur établissement, (*construit*) leur nid, les devoirs de la maternité les occupent presque jusqu'au moment du départ. En effet, le mois d'octobre n'est pas (*écoulé*) que les hirondelles sont (*parti*) pour des climats plus doux.

Jamais elles n'ont (*contrevenu*) à cette règle, jamais aucune n'est (*resté*), jamais elles n'ont (*paru*) hésiter un instant sur le moment propice au départ, et pourtant l'instinct seul les guide. Puis, quand elles ont (*volé*) sans repos pendant de longues heures, (*traversé*) les mers, (*lutté*) contre les vents contraires, elles arrivent enfin en Afrique, où elles passent l'hiver, jusqu'à l'époque de la prochaine émigration. Une autre espèce d'oiseaux voyageurs, non moins admirables, sont les pigeons, que l'on emploie pour la transmission très-prompte des nouvelles. (*Porté*) à de grandes distances, ces oiseaux sont toujours (*revenu*) aux lieux où ils sont (*né*). (*Lâché*) à cent lieues et plus de leur demeure habituelle, ils n'ont jamais (*hésité*) à reprendre leur vol vers les pays d'où ils ont été (*enlevé*), et ne mettent que quelques heures pour effectuer le trajet.

Participe passé dans les verbes pronominaux.

83. LES SYBARITES.

§§ 203-205. — (L'élève fera accorder tous les participes passés suivant la règle.)

§ 203-205. Les Achéens s'étaient (*bâti*) une ville, à l'ombre des belles montagnes de la Laconie; elle avait nom Sybaris. Les habitants s'étaient (*laissé*) corrompre par leurs richesses; leurs vices et leur nom se sont (*immortalisé*) et se sont (*transmis*) en proverbe jusqu'à nous. Un jour ne se passait pas sans qu'ils se fussent (*occupé*) uniquement de jeux, de spectacles et de plaisirs, sans qu'ils se fussent (*décerne*) des récompenses publiques et des marques de distinction, (*mérité*) par ceux qui s'étaient (*signalé*) par le plus de luxe et de magnificence, ou par ceux qui, s'étant (*livre*) au grand art de la cuisine, avaient (*fait*) de nouvelles découvertes propres à flatter le goût et à satisfaire les sens. On y a (*vu*) des gens qui s'étaient (*convié*) un an avant le jour du festin, pour avoir le loisir de le faire plus délicat; d'autres, qui s'étaient (*trouvé inonde*) de sueur, rien qu'à la vue d'un esclave qui fendait du bois; d'autres, qui se plaignaient d'avoir (*passe*) une nuit sans dormir parce que, parmi les feuilles de roses dont ils s'étaient (*servi*) pour parsemer leur lit, une s'était (*plié*) en deux.

On conçoit aisément que de tels hommes ne se soient pas (*fait*) remarquer par leur humeur belliqueuse, et se soient peu (*accommode*) des fatigues de la guerre; eux qui s'étaient (*moqué*) de l'héroïsme des Spartiates, et qui s'étaient (*imagine*) que ces fiers républicains ne bravaient la mort que pour se délivrer de la vie austère qu'ils menaient, furent (*attaque*) par les Crotoniates, (*conduit*) par ce fameux Milon, qui s'était (*montre*) aux jeux olympiques, portant sur ses épaules un bœuf qu'il avait (*assommé*) d'un coup de poing, et qu'il mangea tout entier. Le combat ne dura pas longtemps sans que les Sybarites se fussent (*repenti*) de leur mollesse et de leur lâcheté; leurs chevaux, (*dresse*) à sauter en cadence, s'étaient (*enfui*) au son des instruments guerriers, et, mettant le désordre dans les rangs, hâtèrent leur défaite. Leur ville expia, par sa complète destruction, la corruption de ses mœurs et la vie efféminée de ses habitants.

Participe passé dans les verbes unipersonnels.

84. LE PASSAGE DE LA BÉRÉSINA.

§ 206. — (L'élève fera accorder tous les participes passes suivant la règle.)

§ 206. Il y a peu de batailles dont les résultats aient été aussi désastreux pour le vaincu que le fut le passage de la Bérésina pour l'armée française. Il a (*fallu*) à Napoléon toute la force d'âme qui faisait le fond du caractère de ce grand capitaine, pour arriver à sauver soixante mille hommes sur quatre-vingts, au milieu de ce désastre épouvantable. Aux grands froids qu'il avait (*fait*), il avait (*succédé*) des pluies diluviennes ; les malheureux soldats avaient à lutter contre des marécages sans fond et des glaces infranchissables ; pour comble de malheur, les ponts qu'il avait (*fallu*) construire se rompaient sous le poids trop considérable des malheureux qui, pressés d'échapper à l'ennemi, les envahissaient sans ordre et sans précautions, et l'on voyait ces infortunés, luttant contre les flots et les glaçons qu'ils charriaient, disparaître l'un après l'autre avec des cris déchirants. Au milieu de ce grand désastre, Napoléon, toujours calme et maître de lui, toujours au milieu d'eux, le regard et la pensée errant de tous côtés à la fois, soutint l'armée de sa présence et de ses ordres, et la sauva d'une perte complète.

———

Récapitulation générale.

85. MARIE STUART.

(L'élève fera accorder tous les participes passés suivant la règle.)

Marie Stuart, reine d'Écosse, n'était pas (*aime*) par la reine d'Angleterre, Élisabeth. Bientôt même elle fut (*arrété*) par ordre de celle-ci, qui s'était (*résolu*) à la faire mourir, sous prétexte qu'elle avait (*trempé*) dans une conspiration

contre l'Angleterre. Son procès fut (*fait*) par des juges
(*vendu*) à là cour de Londres. Quand sa condamnation lui
fut (*communiqué*), elle reçut cette nouvelle avec une héroïque fermeté. Le soir, après avoir (*partage*) le peu qu'elle
possédait entre ses serviteurs, elle voulut qu'une dernière
collation lui fût (*servi*), et elle but à la santé de ses amis,
qui, fondant en larmes, la remercièrent à genoux. Après
qu'elle eut (*soupe*), ceux-ci s'étant (*approche*), elle embrassa
les femmes et les filles, et donna sa main à baiser aux
hommes. Ensuite s'étant (*confessé*) et ayant (*prié*), elle se
coucha et dormit un peu tout habillée.

Le lendemain, les exécuteurs étant (*entré*), dès qu'elle
les eut (*entendu*) ouvrir la porte, étant (*alle*) au-devant
d'eux, elle leur dit : — Soyez les bienvenus, j'ai été cette
nuit plus vigilante que vous. — Puis s'appuyant sur l'un
d'eux, à cause d'une douleur à la jambe que lui avait
(*occasionné*) l'humidité de la prison, elle alla au lieu du
supplice. La tête couverte d'un voile, elle tenait à la main
un crucifix, et avait (*pendu*) sa couronne à sa ceinture.
(*Conduit*) dans une grande salle toute (*tapisse*) de noir, et
s'étant (*assis*) sur une chaise, elle attendit que le greffier
eût (*lu*) la sentence, puis se tournant vers les nombreux
assistants, elle leur dit : — Vous voyez un spectacle nouveau, une reine qui meurt sur l'échafaud; je n'avais pas
coutume d'être (*deshabille*) en présence de tant de gens, ni
d'être (*servi*) par des bourreaux; mais il faut vouloir les
choses que Dieu a (*voulu*). — Elle se mit alors à genoux et
tendit la tête, qui fut (*abattu*) en deux coups.

86. LES COMBATS SUR MER.

(Faites accorder le participe passé suivant la règle.)

Si jamais les hommes ont (*eu*) occasion de développer
cet instinct de courage que la nature leur a (*donne*), c'est
surtout dans les combats qu'ils se sont (*livré*) sur mer. Les
batailles sur terre ont (*présente*), à la vérité, des spectacles

bien terribles, mais du moins les terrains qui portaient
les combattants ne se sont point (*entr'ouvert*) sous leurs
pieds; l'air dont ils étaient (*environné*) n'était pas leur ennemi, et il les a (*laisse*) diriger leurs mouvements à leur
gré; enfin la terre tout entière leur était (*ouvert*) pour
échapper au danger. Dans les combats sur mer, tout
semble conspirer pour que les périls soient (*double*), et
les ressources (*diminué*).

Les eaux n'ont jamais (*offert*) que des abîmes dont la surface, (*balancé*) par d'éternelles secousses, est toujours
prête à s'ouvrir. Les hommes, (*trompe*) par l'eau (*agité*) en
tous sens, et par les orages (*dechaine*), sont (*porte*) au-devant
même de la mort qu'ils croient avoir (*evité*). Aux ravages
des eaux est souvent (*ajouté*) l'activité dévorante du feu,
et, à l'heure du naufrage, est (*reuni*) celle de l'embrase-
ment. Où trouver un asile? la terre est ou (*recule*) à une
grande distance, ou, si elle est près, les dangers sont (*accru*)
par sa proximité même. Les hommes, (*sépare*) et (*isole*) du
monde entier, (*resserré*) dans une prison étroite, d'où ils
ne peuvent sortir, sont (*condamné*) à subir une affreuse
mort, qui entre de tous côtés. Mais, parmi ces horreurs,
il s'est (*trouvé*) pour l'homme des dangers plus terribles
encore : c'est l'homme lui-même, lorsque ayant (*arme*) sa
main d'un fer meurtrier, ayant (*joint*) dans une même
œuvre de destruction l'art et sa fureur, il lutte contre
lui-même sur ce vaste tombeau, et unit les efforts de sa
rage à celle de l'eau, des vents et du feu.

----

87. MORT DE THOMAS BECKET.

(Accord des participes passés.)

Thomas Becket (1) avait (*achevé*) sa collation du matin,
et ses serviteurs étaient encore (*rangé*) à table. Il salua les
Normands à leur entrée, et leur ayant (*demande*) la cause

---

(1) Thomas Becket (1119-1170), archevêque de Cantorbery. Il fut canonisé, et
le roi Henri II fit pénitence sur son tombeau.

de leur visite, ceux-ci ne firent aucune réponse, et, s'étant (*assis*), le regardèrent fixement pendant quelques minutes. Regnault, fils d'Ours, ayant pris la parole : — Nous sommes (*venu*), dit-il, de la part du Roi, pour que les excommuniés soient (*absous*), que les évêques (*suspendu*) soient (*rétabli*), et qu'il soit (*donne*) raison par vous-même de vos desseins contre le Roi. — Ce n'est pas par moi, répondit Thomas, c'est par le Souverain Pontife qu'ont été (*excommunie*) les archevêques dont vous avez (*voulu*) parler, par lui seul ils peuvent en être (*relevé*). — Mais de qui donc, demanda Regnault, avez-vous (*tenu*) votre archevêché, est-ce du Roi ou du Pape? — Dieu et le Pape m'en ont (*donné*) les droits spirituels, et le Roi les droits temporels. — Quoi! ce n'est pas le Roi qui vous les a tous (*donné*)? — Aucunement, répondit Becket.

Les Normands ayant (*murmuré*) à cette réponse, (*traité*) la distinction d'argutie, et (*fait*) des mouvements d'impatience : — Vous me menacez, je crois, dit le primat, mais c'est en vain; quand toutes les épées de l'Angleterre seraient (*tiré*) contre ma tête, vous ne gagneriez rien sur moi. — Aussi ferons-nous mieux que menacer, répliqua le fils d'Ours; et les autres, ayant (*quitté*) leurs siéges, le suivirent vers la porte et crièrent : — Aux armes! — La porte fut aussitôt (*ferme*) derrière eux; mais Regnault, s'armant d'une hache, frappa contre elle jusqu'à ce qu'elle fût (*ouvert*) et (*brisé*). Alors les gens de la maison ayant (*supplié*) Becket de se réfugier dans l'église, qui était (*relie*) à son appartement par une galerie, il ne le voulut point.

---

88. Suite.

(Accord des participes passés.)

Ils l'y auraient (*entraîné*) de force, lorsqu'un d'entre eux fit remarquer que l'heure des vêpres était (*sonné*). — Puisque c'est l'heure de mon devoir, j'irai à l'église, dit l'archevêque. — Il voulut que la croix fût (*porte*) devant lui, et, ayant (*traverse*) le cloître à pas lents, il se dirigea vers les grands autels, qu'on avait (*separe*) de la nef par une grille de fer; à peine en eut-il (*gravi*) les marches, que Regnault parut à l'autre bout de l'église, (*suivi*) de près par les autres conjurés (*armé*) de la tête aux pieds. Les gens qui étaient avec le primat, ayant alors (*essayé*) de fermer la grille, lui-même le leur défendit, et quitta l'autel pour les en empêcher. (*Conjuré*) alors par eux de se mettre en sûreté dans l'église souterraine, ou de monter l'escalier par lequel on parvenait au faîte de l'édifice, ces deux conseils furent (*repoussé*) aussi positivement que les premiers.

Pendant ce temps, les assassins s'étant (*avancé*), une voix cria : — Où est le traître? — Becket n'ayant point (*repondu*) : — Où est l'archevêque? — Le voici, répondit-il alors, que venez-vous faire dans la maison du Seigneur ainsi (*vetu*); quel est votre dessein? — Que tu meures. — Je m'y résigne; il ne sera pas (*dit*) que j'aurai (*fui*) vos épées; mais, au nom de Dieu, que mes compagnons, clercs ou laïques, grands ou petits, soient (*respecte*).—Dans ce moment, une épée étant (*venu*) le frapper du plat, et celui qui porta le coup lui ayant (*crie*) ces paroles : — Fuis, ou tu es mort! — il ne fit pas un mouvement. Les hommes ayant (*voulu*) le tirer hors de l'église, se faisant scrupule de l'y tuer, il se débattit, et déclara fermement qu'il ne céderait point qu'il ne les eût (*contraint*) à exécuter sur place leurs intentions ou leurs ordres.

Guillaume de Tracy ayant alors (*levé*) son épée, en porta un coup par lequel un moine eut la main (*tranché*), et Becket fut (*blessé*) à la tête. Un second coup, (*porté*) par un autre Normand, le renversa la face contre terre; enfin il eut la tête (*fendu*) par un troisième, (*assené*) avec tant de violence que l'épée fut (*brisé*) sur le pavé. Un homme d'armes ayant alors (*poussé*) du pied le cadavre immobile, s'écria: — Ainsi soient (*vu*) périr les traîtres par qui le royaume a été (*troublé*) et les Anglais (*soulevé*)!

89. LE GÉOPHAGISME.

(Accord des participes passés)

De tout temps, et dans toutes les régions du globe où ils se sont (*établi*), les hommes se sont généralement (*nourri*) de viandes, de légumes, de racines et de fruits. Cependant, dans des circonstances plus nombreuses qu'on ne l'aurait (*cru*) au premier abord, on les a (*vu*) recourir, pour subsister, à des matières terreuses et surtout à diverses espèces d'argiles. Cette coutume de manger de la terre, les savants l'ont (*désigne*) sous le nom de *Géophagisme*. Bien que les auteurs anciens se soient peu (*occupé*) des populations (*adonne*) au géophagisme, néanmoins, ils ne les ont pas tout à fait (*passe*) sous silence. Pline, entre autres, parle d'un ragoût (*nomme*) alica, (*confectionné*) avec de la racine de maïs (*joint*) à une certaine terre que l'on avait (*découvert*) entre Pouzzoles et Naples, sur le mont Luncage. Or, cette terre a été (*retrouvé*) depuis peu dans la localité (*cité*) par Pline, et on a (*reconnu*) qu'elle n'était pas autre chose que du plâtre très-pur. Il paraît que les Napolitains étaient très-friands de l'alica, et Auguste, voulant leur être agréable, leur avait (*accordé*), sur sa cassette, une rente annuelle de vingt mille sesterces (*destiné*) à l'achat de la terre dont ils faisaient leurs délices. D'après Athénée, les Grecs ne se sont pas totalement (*abstenu*) du géophagisme; car ils avaient (*pris*) l'habitude de mêler au vin de Zante, avant de le boire, une notable quantité de plâtre en poudre.

C'est à peu près aux deux faits que nous avons (*rapporté*) que se réduisent les renseignements que nous ont (*transmis*) les auteurs anciens, touchant la coutume de manger de la terre; mais les témoignages que les modernes ont (*recueilli*) à ce sujet, sont beaucoup plus nombreux et plus circonstanciés.

En Espagne et en Portugal, les dames éprouvent un très-vif plaisir à mâcher une argile d'une couleur jaune rougeâtre, qui, après avoir (*subi*) une sorte de fermentation, a (*acquis*) la propriété de communiquer aux liquides avec lesquels on l'a (*mis*) en contact, une odeur agréable et une saveur exquise.

Les ouvriers qui travaillent aux mines, en Thuringe, sont aussi très-friands d'une espèce d'argile. Ils la mangent après l'avoir (*étendu*) comme du beurre sur leur pain. De temps immémorial, on l'a (*désigné*) dans le pays sous le nom de moelle de pierre.

90, SUITE.

Les habitants de la Sibérie font une grande consommation d'une terre dont sont (*recouvert*) certaines roches schisteuses. Cette substance, qu'ils appellent beurre de roche, est (*considéré*) par eux comme un excellent médicament.

Au Kamtchatka, les Tonguses et les Russes eux-mêmes mangent une autre variété d'argile tantôt pure, tantôt (*délayé*) dans de l'eau ou du lait. Loin d'être (*incommode*) de cet aliment, ils le regardent comme tonique et fortifiant. Il existe dans l'Indoustan une matière d'un gris jaunâtre, (*connu*) sous le nom d'argile du Mogol ou terre de Patna. On en fabrique des vases très-minces et très-légers, (*jouissant*) de la propriété de communiquer une odeur et une saveur agréables à l'eau que l'on y a (*conservé*). Les femmes brisent ces vases après les avoir (*vidé*), et en mangent les fragments avec avidité.

Dans plusieurs villages de l'île de Java, de petits gâteaux de forme carrée et de couleur rougeâtre, (*connu*) chez les Indiens sous le nom de *Teneampa*, sont (*vendu*) publiquement sur les marchés, et, quoiqu'ils ne soient (*composé*) que d'argile, c'est un plaisir de voir les indigènes y mordre à belles dents sans pouvoir s'en rassasier.

Mais, voici qui est plus extraordinaire encore, les mines des monts Carpathes sont (*exploité*) par des ouvriers dont la plupart mangent une poudre d'arsenic pur, après l'avoir (*étendu*) sur du pain. Quelques-uns d'entre eux sont (*parvenu*) par degrés à absorber des doses considérables de ce poison violent, sans en être (*incommode*). Au contraire, les médecins se sont (*assure*) que tous les individus qui avaient (*contracté*) cette habitude, acquéraient de l'embonpoint. Ils devenaient gros et gras et présentaient un teint vermeil. Depuis longtemps, les ouvriers des Carpathes qui se sont (*accoutume*) à cette singulière nourriture, sont (*connu*) dans la contrée sous la dénomination de *mangeurs d'arsenic*.

Les nègres de la Guinée mangent d'une terre jaune (*appele*) *cahouac*, et cet aliment insolite leur plaît tant, que ceux d'entre eux que l'on a (*transporté*) comme esclaves dans les Antilles d'Amérique, aiment mieux s'exposer aux châtiments les plus rigoureux plutôt que de renoncer à l'usage d'avaler de l'argile. En vain les gouverneurs des diverses colonies européennes se sont-ils (*preoccupé*) des mesures à prendre pour les en déshabituer, en vain ont-ils (*edicté*) des peines très-sévères contre les nègres qui auraient (*mangé*) du cahouac, toutes leurs prohibitions sont (*demeure*) sans effet, et les esclaves ont toujours (*trouve*) le moyen d'échapper à la surveillance que l'on avait (*organise*) contre eux à cet égard. Ainsi, les négresses que les colons sont (*obligé*) d'employer à la fabrication des vases de terre, profitent de l'occasion qui leur est (*offert*) pour avaler fréquemment des boulettes de craie. De même, quand il est (*survenu*) des pluies abondantes, il est souvent nécessaire d'enfermer les négrillons pour les empêcher de manger de la terre.

---

91. SUITE.

De tous les exemples de géophagisme que l'on a (*observé*), le plus remarquable, sans contredit, le plus curieux, le plus intéressant est celui qu'ont (*signalé*) de Humboldt et Bonpland, et qu'ils ont (*eu*) l'occasion de constater dans une localité de l'Amérique du Sud (*peuple*) d'Indiens Ottomaches. Les deux célèbres voyageurs ont (*remarqué*) que ces sauvages, qui ne se sont jamais (*livre*) à aucune culture, se nourrissent de poissons et de tortues tant que la pêche leur est possible, c'est-à-dire pendant tout le temps que les eaux des innombrables rivières dont le pays est (*arrosé*) sont (*demeuré*) très-basses ; mais, dès qu'est (*sur-venu*) la crue périodique de ces cours d'eau, comme il n'est plus possible aux Indiens de se procurer la nourriture dont ils ont (*vécu*) précédemment, ils se résignent à man-ger pendant trois mois au moins, d'une terre à potier grasse, douce au toucher, laquelle s'est (*trouvé*) (*melange*) d'une petite quantité d'oxyde de fer. Cette sorte de terre glaise se rencontre en abondance sur les bords de l'Oré-noque et de la Meta. Après que les indigènes ont (*ramolli*) cette terre et qu'ils l'ont suffisamment (*pétri*), ils en fa-çonnent des boulettes de dix à quinze centimètres de dia-mètre. Puis, les ayant (*fait*) griller jusqu'à ce que leur sur-face ait (*pris*) une teinte rougeâtre, ils les humectent une seconde fois et les avalent avec avidité. Les voyageurs aperçurent dans toutes les cabanes d'énormes approvision-nements de ces boulettes, que l'on avait symétriquement (*arrangé*) et (*disposé*) en pyramides.

---

92. SUITE.

Le père Ramon Bueno, qui vivait depuis douze ans parmi les Automaches, et qui connaissait toutes les par-ticularités de leurs mœurs, qu'il avait (*étudié*) à fond, assura à de Humboldt et à Bonpland que les indigènes ne sont pas (*rassasie*) avant d'avoir (*mangé*) chacun par jour au moins cinq cents grammes de cette terre. Il ajouta que jamais cette singulière nourriture ne les avait (*incommode*). Ces peuples déclarèrent eux-mêmes aux deux savants eu-ropéens que l'argile en question composait leur unique nourriture, tant que durait la saison des pluies. C'est à peine si quelques-uns d'entre eux s'étaient (*accoutume*) à y joindre une racine de fougère, un lézard ou quelque petit poisson. Du reste, cette alimentation a tellement (*captivé*) le goût des indigènes que, quand la crue des eaux est (*passée*) et qu'ils se sont (*procure*) du poisson en abon-dance, de temps en temps, ils avalent par plaisir un certain nombre de boulettes. Cette nourriture, qui aurait (*répugné*) à des estomacs européens, n'empêchait pas les hommes qui avaient (*oppris*) à s'en contenter, de jouir d'une santé parfaite. Tout (*astreint*) qu'ils étaient à ce régime étrange, ils n'en avaient pas moins (*conserve*) leur embonpoint. Un religieux espagnol a (*pretendu*) que les boulettes d'argile des Ottomaches étaient (*rendu*) plus nutritives avec de la farine de maïs et de la graisse de crocodile, qui y étaient toujours (*incorpore*) ; mais le missionnaire Ramon Bueno et le frère Juan Gonzalès ont (*affirme*) à de Humboldt et à Bonpland que les boulettes d'argile n'avaient jamais (*renferme*) ni graisse de crocodile ni farine de maïs. Du reste, la question sera définitivement (*tranche*) à l'égard de cette dernière substance, si l'on considère que le maïs est une plante que n'ont jamais (*connu*) les Ottomaches. En outre, plusieurs de ces boulettes ayant été (*apporte*) au chimiste français Vauquelin, et celui-ci les ayant (*analyse*), il déclara qu'il n'y avait (*decouvert*) aucune trace de matières animales ou végétales.

De tous les développements dans lesquels nous sommes entrés, il résulte que l'habitude de manger certaines espèces de terre s'est (*change*) en un besoin impérieux pour la plupart des peuples qui habitent entre les tropiques.

COMPLÉMENT DU NOM.

93. Exercice.

§§ 208-211. — (Mettez entre chaque nom et son complément la préposition convenable.)

- 730. La fortune vient à nous à pas ... *tortue* et nous quitte avec la rapidité ... *la gazelle*.

731. La supériorité .:. *Raphaël* ... *tous les artistes* ses contemporains, était reconnue et admise par ces derniers.

732. La compassion ... *les malheureux* est la marque ... *un bon cœur*.

733. La résignation ... *la volonté* ... *Dieu* est très-méritoire à ses yeux.

734. Les chefs ... *Francs* étaient qualifiés de rois ... *la ongue chevelure*.

735. Le petit enfant ... *joues vermeilles* reçoit les caresses ... *tout le monde.*

736. Le courage ... *César* ... *les dangers* n'était pas moins grand que son sang-froid ... *les conseils.*

737. L'évangile ... *saint Luc* a été écrit en grec et avec une rare perfection.

738. La conquête ... *l'Espagne* ... *les Arabes* eut lieu l'an 711 ... *notre ère.*

739. La situation ... *Cook* ... *les sauvages* fut souvent très-critique.

COMPLÉMENT DE L'ADJECTIF.

94. Exercice.

§§ 212-214. — (Mettez entre chaque adjectif et son complément la préposition convenable.)

740. Les hommes avides ... *louanges* font souvent le bien par ostentation plutôt que par amour du bien lui-même.

741. Salomon mourut plein ... *jours* et ... *gloire,* après avoir longtemps gouverné le peuple d'Israël.

742. O fils d'Ulysse, sois semblable ... *ton père,* semblable ... *tous les héros* qui ont purgé la terre des monstres qui la dévastaient.

743. De bonne heure les sauvages sont accoutumés ... *jeûner.*

744. L'homme qui vit content ... *son sort* est un véritable sage.

745. C'est une chose admirable ... *voir* que la tendresse des chauves-souris pour leurs petits.

746. L'étude de l'histoire est utile ... *ceux* qui aspirent à gouverner leurs semblables.

747. Dieu regarde d'un œil favorable l'homme compatissant ... *les malheureux.*

748. Le vrai chrétien doit toujours être prêt ... *mourir.*

749. Les gens habiles ... *l'art* de la guerre regardent le fort de Vincennes comme imprenable.

COMPLÉMENT DIRECT ET COMPLÉMENT INDIRECT,

95. Exercice,

§ 218 — (Remplacez les mots entre parenthèses de façon à rendre la phrase plus correcte.)

750. Ces jeunes gens aiment la promenade et (*à pêcher*) à la ligne.

751. Jean-Jacques Rousseau se plaisait à herboriser et (*au séjour de*) la campagne.

752. J'apprendrai l'hébreu et (*à déchiffrer les*) hiéroglyphes égyptiens.

753. César promit des terres aux vétérans et (*d'abolir*) leurs dettes.

754. Annibal exhortait sans cesse nos troupes à la patience et (*à respecter*) la discipline.

755. Celui qui ne respectera pas et ne (*se conformera pas au réglement*), sera expulsé de l'association.

756. Dieu aime et (*accorde ses faveurs à*) l'homme de bien.

757. Viriathe combattit pour l'indépendance de ses concitoyens et pour (*expulser les*) Romains.

758. Le médecin a prescrit au malade une nourriture succulente et (*de se reposer complètement*).

759. On a défendu aux écoliers de faire leurs devoirs en commun et (*l'emploi des*) traductions, ce qui les empêche d'exercer leur intelligence autant qu'ils le devraient.

759 *bis*. Si vous voulez bien m'enseigner (*la composition*) et à jouer du violon, vous me rendrez le plus heureux des mortels.

———

RÈGLES PARTICULIÈRES D'EMPLOI.

Noms pris dans un sens partitif.

97. Exercice.

§§ 210-211. — (Choisissez entre la préposition et l'article composé.)

760. Je ne me contente pas (*de, des*) paroles que vous m'avez adressées ; il me faut (*de, des*) solides garanties de votre part.

761. Celui qui est tombé dans l'adversité ne trouve guère (*de, des*) amis.

762. Les chasseurs entendirent d'abord ... faibles gémissements, puis ... sourds beuglements.

763. Il est plus d'une fois arrivé que (*de, des*) actes de cruauté ont valu à leurs auteurs (*de, des*) sanglantes représailles.

764. Xerxès avait fait amasser (*de, des*) immenses provisions, destinées à nourrir son armée pendant qu'elle traverserait la Macédoine en allant soumettre la Grèce.

765. Avec (*de, des*) coings, on peut faire (*de, des*) excellentes confitures, qui sont connues dans le commerce sous le nom de cotignac.

766. Un orateur étant resté court au milieu d'une assemblée qui se tenait dans un lieu clos, un plaisant s'écria : qu'on ferme bien les portes, il n'y a que (*de, des*) honnêtes gens ici, la parole de monsieur se retrouvera.

767. (*De, des*) raisons qui persuadent ne sont pas toujours pour cela (*de, des*) bonnes raisons.

768. (*Des, de*) montagnes majestueuses, (*des, de*) profondes vallées font du Tyrol le pays le plus pittoresque du monde.

Répétition de l'article.

98. Exercice.

§§ 212-213. — (Partout où la règle l'exige, remplacez les points par l'article.)

769. ... premier et ... second volume des œuvres de Descartes sont déjà réimprimés.

770. Il a acheté ... grande et ... superbe maison que ses aïeux avaient fait autrefois bâtir.

771. ... doux, ... tendre, et ... harmonieux Racine nous charme par sa diction toujours irréprochable et élégante; ... nerveux, ... pompeux, et ... sublime Corneille nous subjugue et nous entraîne par son éloquence impétueuse.

772. ... loups fuyaient ... douce et ... innocente proie.

773. ... douzième et ... treizième (siècle) virent naître et se développer en France l'architecture ogivale; ... siècles précédents n'avaient connu que l'architecture caractérisée par le plein-cintre.

774. Quoique ... parents de ... nouvel époux fussent absents, .. père et ... mère de ... mariée assistaient à ... bénédiction nuptiale.

775. ... langue latine et ... grecque peuvent s'apprendre assez vite, quand on possède bien ... principes de sa langue maternelle.

776. ... histoire ancienne et ... moderne se présentent à nous avec des physionomies tout à fait différentes.

Emploi de l'adjectif ou pronom démonstratif.

99. Exercice.

§ 217. — (Remplacez le démonstratif par le nom ou faites-le suivre des mots nécessaires pour la correction de la phrase.)

777. On sale souvent les poissons de mer; mais on ne sale presque jamais (ceux) ... pêchés en eau douce.

778. On prétend qu'il existe une certaine corrélation

entre la qualité du laitage et la couleur de la robe des bestiaux qui l'ont produit : les vaches bariolées donnent le meilleur lait ; (celles) ... noires, un lait de qualité inférieure.

779. Nous avons examiné à l'Exposition universelle les livres provenant de la librairie française, ainsi que (ceux) ... imprimés en Angleterre et en Allemagne.

780. Les élèves obéissants et studieux sont estimés de tout le monde, tandis que (ceux) ... insoumis et dissipés sont l'objet d'une aversion générale.

781. Nous fabriquons en France de très-belles étoffes ; (celles) ... confectionnées en Angleterre ne sont pas moins remarquables.

Emploi de l'adjectif ou pronom démonstratif.

100. Exercice.

§ 248. —(Choisissez entre le démonstratif qui indique la proximité et celui qui indique l'éloignement.)

782. L'industrie et l'agriculture sont également nécessaires aux peuples civilisés : (celui-ci, celui-là) crée les richesses naturelles, (celui-ci, celui-la) les approprie à nos usages.

783. Le jugement et la mémoire nous sont aussi nécessaires l'un que l'autre : (celui-ci, celui-la) fournit à (celui-ci, celui-là) les données sur lesquelles il opère.

784. L'orme et le chêne constituent deux essences de bois fort avantageuses dans l'économie domestique ; (celui-ci, celui-là) est employé surtout comme bois.de charpente, (celui-ci, celui-là) comme bois de charronnage.

785. Si nous comparons Paris à Londres, ces deux capitales de la civilisation européenne, nous trouvons que (celui-ci, celui-là) est la plus peuplée, mais que (celui-ci, celui-la) l'emporte par le nombre et la magnificence de ses monuments.

786. La ville et la campagne me plaisent également : (celui-ci, celui-la), parce qu'elle étale à mes yeux les beau-

tés de la nature; (*celui-ci, celui-là*), parce qu'elle me procure les jouissances de l'étude et de la conversation.

Emploi de l'adjectif ou pronom possessif.

101. Exercice.

§§ 249-250 — (Remplacez les points par l'adjectif possessif ou par l'article soit seul, soit accompagné du pronom *en.*)

787. Toutes les positions de la vie ont ... avantages et ... inconvénients.

788. C'est à bon droit que la Sicile a été appelée le grenier de l'Italie; car tout le monde connaît ... fertilité.

789. Si la Grèce nous charme par ... littérature, Rome nous séduit par ... hauts faits.

790. J'ai parcouru les forêts vierges du Nouveau-Monde, et j'ai admiré ... arbres séculaires.

791. Avez-vous visité Rome, et vous êtes-vous rendu compte de la multiplicité et de la magnificence de ... édifices?

792. Le Mecklembourg possède de beaux pâturages qui nourrissent beaucoup de bestiaux; ... chevaux surtout sont appréciés à l'étranger.

793. Ma sœur ayant mal à ... jambe, gardera la chambre pendant quelques jours.

794. Cet enfant a ... yeux comme ceux de ... mère, et ... nez semblable à celui de ... père.

795. ... oreilles lui ont tinté toute la journée.

796. Aussitôt que je fus débarqué au Havre, j'ai parcouru ... principales rues; l'activité de ... population m'a frappé d'étonnement.

797. Comment peux-tu travailler depuis qu'on a été obligé de te couper ... jambe?

798. La chimie a ... petits secrets, sans la connaissance desquels on ne mènerait pas à bonne fin certaines expériences.

Répétition de l'adjectif possessif.

102. Exercice.

§ 251. — (Partout où la règle l'exige, remplacez les points par l'adjectif possessif.)

799. Ma maison, ... jardin et ... vigne font ... délices; j'y passe tout ... temps sans m'y ennuyer et sans rien désirer de plus.

800. Habitent-ils ... ancien ou ... nouveau logement?

801. ... vieille et ... bonne gouvernante a eu mal à la tête toute la journée.

802. J'ai ... grand et ... petit appartement; je les mets l'un et l'autre à votre disposition.

803. Je ne puis m'empêcher de verser des larmes en revoyant après trente ans d'absence ... vieil et ... fidèle ami.

804. Les religieux doivent se plaire dans ... vaste et ... splendide jardin ; mais il leur a coûté bien des peines.

Emploi de l'adjectif ou pronom relatif.

103. Exercice.

§ 252. — (Changez l'ordre des mots de manière à rapprocher le pronom relatif de son antecedent, ou remplacez *qui, que* par *lequel, laquelle*.)

805. J'ai reçu *un avertissement de ma sœur* que je saurai mettre à profit.

806. Nous avons reçu *une lettre de notre frère le marin* qui nous a tirés d'inquiétude.

807. Je vous enverrai *le récit des voyages* de madame Ida Pfeiffer *qui* est très-intéressant.

808. Pensez-vous pouvoir me donner *des renseignements sur cette affaire* qui m'éclaireront suffisamment ?

809. Je vous raconterai *des anecdotes sur Diogène* qui vous égaieront beaucoup.

810. On a retrouvé *un bouclier dans le Rhône* qu'on croit avoir appartenu à Annibal.

104. Exercice.

§ 253. — (Remplacez les points par *qui* ou *lequel* selon la règle.)

811. La personne à ... vous m'avez recommandé a promis de me procurer un emploi.

812. Les résultats à .:. nous sommes parvenus, nous en font espérer de plus merveilleux encore.

813. Le but vers ... nous tendons est encore bien éloigné de nous.

814. Le maître par ... vous avez été instruit est aussi consciencieux que savant.

815. La chimie, à ... nous devons tant d'applications utiles, ne date guère cependant que de la fin du dernier siècle.

816. Hé bien ! filles d'enfer, vos mains sont-elles prêtes ? Pour ... sont ces serpents ... sifflent sur vos têtes ?

105. Exercice.

§ 256. — (Employez *dont* ou *d'où* suivant la règle.)

817. L'ortie de la Chine ... vous m'avez parlé, pourrait-elle être cultivée en France comme plante textile ?

818. Le pays ... proviennent les melons n'a pas encore pu être déterminé avec certitude par les savants qui se sont occupés de géographie botanique.

819. Très-probablement, les familles ... sortent les individus qui chez nous portent le nom de Gallois ou Le Gallois, sont originaires du pays de Galles. en Angleterre.

820. La galerie ... a été tirée cette houille, n'a été ouverte que depuis peu.

821. L'ouvrage ... vous m'avez remis un exemplaire, est un des plus intéressants qui aient paru depuis longtemps.

822. L'espèce ... viennent toutes nos variétés de pommes n'est pas bien connue; on en peut dire autant de la plu-

part des fruits que nous cultivons et des animaux que nous avons réduits en domesticité.

Emploi de l'adjectif ou pronom indéfini.

106. Exercice.

§ 2.7. — (Employez *chaque* ou *chacun* suivant la règle.)

823. ... homme a son défaut où toujours il revient.

824. Voilà deux paires de boucles d'oreilles qui me reviennent à cinquante francs ...

825. Ces dames sont fort charitables : elles ont donné ... cinq cents francs pour les pauvres.

826. La valeur des marchandises exportées de l'Australie ou importées dans ce continent, s'élève, ... année, à 750 millions de francs.

827. ... animal a un habitat spécial, déterminé, en dehors duquel il ne saurait vivre; l'homme seul peut séjourner indifféremment dans ... des cinq zones entre lesquelles se partage la surface de la terre.

828. Après que Perrin Dandin eut ouvert l'huître et l'eut avalée aux yeux des plaideurs ébahis, il donna à ... d'eux une écaille.

Emploi du pronom personnel.

107. Exercice.

259. — (Intercaler entre le verbe et son complément direct un déterminatif qui rende la phrase correcte.)

829. En agissant de la sorte, vous m'avez fait ... tort qui n'est pas encore réparé.

830. Le coupable a demandé ... grâce, quoiqu'il soit à peu près sûr de ne pas l'obtenir.

831. Votre frère m'a rendu ... service qui m'a tiré de l'embarras extrême où je me trouvais.

832. L'armée fit ... halte pendant laquelle elle se délassa de ses fatigues.

833. Vous m'avez fait ... peur qui m'a été bien funeste.

834. Nous devons à Dieu ... satisfaction, et nous ne pouvons la lui refuser.

———

108. Exercice.

§ 261 — (Employez *lui*, *elle*, etc. précédés d'une préposition, ou l'un des pronoms *en*, *y*.)

835. Quoique l'étude de l'écriture chinoise soit souvent peu attrayante, je m'applique (*à elle, y*) avec ardeur.

836. Dès que Brutus aperçut le fils de Tarquin dans la mêlée, il courut droit à lui (*à lui, y*), et l'attaqua avec une sorte de rage.

837. Quoique votre projet ne me contente pas tout à fait, je (*à lui, y*) donnerai mon assentiment.

838. Quand je pense à mon bienfaiteur ou que je parle (*de lui, en*), les larmes me viennent aux yeux.

839. Quand j'envisage l'avenir qui m'attend, et que je réfléchis (*à lui, y*) sérieusement, je ne laisse pas que d'être fort inquiet.

840. Je n'ai pas le temps de causer avec vous du travail dont je suis occupé ; mais je vous parlerai (*de lui, en*) dans notre prochaine entrevue.

———

109. Exercice.

§ 262. — (Choisissez entre *soi* et *lui*.)

841. Quiconque ne vit que pour (*soi, lui*) n'est pas digne de vivre.

842. Quand on travaille pour (*soi, lui*), on y met bien plus d'ardeur que quand on travaille pour les autres.

843. Le gourmand, au milieu d'un dîner, ne songe qu'à (*soi, lui*) et cherche à s'approprier les mets les plus

exquis, dussent les autres convives s'en priver tout à fait.

844. Le vrai mérite se recommande de (*soi, lui*)-même, sans avoir besoin d'être aidé par l'intrigue.

845. Le vice porte bien souvent son châtiment avec (*soi, lui*).

846. On a souvent besoin d'un plus petit que (*soi, lui*).

Emploi du verbe.

110. Exercice.

§§ 261-266. — (Employez *avoir* ou *être* selon que vous avez à exprimer l'action ou l'état.)

847. Je vous remercie de (*accourir*, passé de l'inf.) tous à mon secours, en apprenant que l'incendie dévorait ma maison.

848. Tous ceux qui (*accourir*, pl.-q.-parfait de l'ind.) sur la plage, ont vu débarquer les passagers du Great-Eastern.

849. Un ange (*apparaître*, pl.-q.-parf. de l'ind.) en songe à Joseph, et lui avait ordonné d'emmener l'Enfant Jésus et sa Mère en Égypte.

850. La comète qui (*apparaître*, passé indéf.) ces jours-ci, brille chaque jour d'un plus grand éclat.

851. Nous (*descendre*, passé indéf.) rapidement l'escalier.

852. Depuis ce matin, le baromètre (*descendre*, passé indéf.) de 2 millimètres, et le thermomètre de 3 degrés.

853. Le cerf (*échapper*, passé indéf.) à la poursuite de la meute.

854. On n'a pas retrouvé le serpent qui (*échapper*, passé indéf.) du jardin des Plantes.

855. La Seine (*monter*, passé indéf.) d'un mètre en douze heures.

856. La Seine qui (*monter*, pl.-q.-parf. de l'ind.) très-haut, commence à baisser depuis hier.

857. Comme cet enfant (*grandir*, passé indéf.) depuis l'année dernière !

858. C'est à peine si je reconnais votre frère, tant il (*grandir*, passé indéf.)

859. Je (*tomber*, passé indéf.) par hasard sur le passage de Pline que je cherchais.

860. L'astrologue qui (*tomber*, pl.-q.-parf. de l'ind.) au fond d'un puits, ne trouvait pas le moyen d'en sortir.

861. Il y a de bons auteurs qui ne dédaignent pas d'employer une expression qui (*vieillir*, passé indéf.)

862. Votre mère (*vieillir*, passé indéf.) considérablement depuis son retour d'Amérique.

Emploi particulier de certains temps.

111. Exercice.

§§ 267 et 268. — (Mettez au présent tous les verbes entre parenthèses.)

Un bègue (*avait*) une affaire à régler dans une petite ville. En y entrant, il (*avisa*) un bon bourgeois debout sur le seuil de sa porte ; il (*courut*) vers lui et lui (*demanda*), en s'exprimant le moins mal qu'il (*put*), où (*demeurait*) la personne avec laquelle il (*avait*) des intérêts à démêler. Le bourgeois se (*mit*) en devoir de répondre; mais, à la grande surprise de l'étranger, il (*bégaya*) aussi. Le questionneur (*prit*) ce bégaiement pour une injure, et, après avoir quelques instants comprimé son courroux, (*laissa*) enfin éclater toute sa fureur : il (*apostropha*) le bourgeois en termes violents. Mais, comme son exaltation ne l'(*avait*) pas guéri momentanément de son vice de prononciation, ainsi qu'il arrive quelquefois, le bourgeois, à son tour, se (*crut*) insulté, se (*fâcha*), et bientôt sa colère (*dépassa*) ou du moins (*égala*) celle de son antagoniste. Ils (*allaient*) en venir aux coups, quand un voisin charitable, qui (*avait*) deviné ce qui se (*passait*), (*vint*) leur expliquer leur malentendu et leur (*fit*) comprendre que bien loin d'avoir des motifs de se haïr, ils (*devaient*) ressentir l'un pour l'autre la compassion que ressentent toujours les personnes enveloppées dans une commune infortune. Les deux adversaires, qui (*avaient*) au fond un bon naturel et une dose suffisante de sens commun, (*goûtèrent*) les paroles du pacificateur, se (*firent*) mutuellement des excuses, se (*serrèrent*) la main et se (*promirent*) de se revoir de temps à autre. Ils se (*lièrent*) bientôt d'une étroite amitié, bien que leur liaison (*eût*) commencé de l'étrange façon que nous venons de rapporter.

---

112. Exercice.

§§ 269 et 270 — (Mettez les verbes entre parenthèses au parfait défini ou au parfait indéfini, selon que le sens de la phrase exige l'un ou l'autre de ces temps.)

863. Je (*visiter*) hier cette partie du musée du Louvre où se trouvent réunis les chefs-d'œuvre de la peinture italienne; je (*admirer*) les toiles du Titien, de Léonard de Vinci, de Paul Veronèse, je (*tomber*) en extase devant les madones du divin Raphaël.

864. Ce matin, je (*aller*) me promener à la campagne : d'abord le temps (*être*) magnifique; la chaleur du soleil me (*forcer*) à quitter une partie de mes vêtements; mais ensuite, les nuages se (*amonceler*), un orage (*éclater*) et je me (*hâter*) de rentrer chez moi.

865. Le mois dernier, le vent (*souffler*) continuellement du sud-est; mais ce mois-ci il (*souffler*) jusqu'à présent du sud.

866. Les lis qui se (*épanouir*) ce matin, se (*refermer*) ce soir.

867. Nous (*voir*) l'année dernière un jeune hippopotame, dont le vice-roi d'Égypte avait fait don à la ménagerie du Muséum.

868. Les anciens, en voyant le soleil disparaître tous les soirs à l'Occident, (*penser*) qu'il allait se plonger dans l'Océan.

869. Je (*passer*) la saison dernière aux eaux de Plombières; mon fils (*décider*) de passer celle-ci aux bains de mer.

870. Aujourd'hui, après notre déjeuner, nous (*aller*) visiter le jardin d'acclimatation, au bois de Boulogne.

Emploi de la préposition et de l'adverbe.

113. Exercice.

§§ 274-286. — (Des deux mots mis entre parenthèses choisissez le mot qui convient.)

871. Les personnes qui se livrent à des travaux intellectuels se garderont bien de s'y adonner (*tout de suite, de suite*) après qu'elles auront pris leurs repas.

872. Darius Codoman perdit (*tout de suite, de suite*) plusieurs batailles contre les troupes d'Alexandre le Grand.

873. Ce brave homme s'est jeté (*au travers de, à travers*) les flammes pour sauver un vieillard surpris par l'incendie.

874. L'armée française en Égypte s'avançait (*au travers, à travers*) les solitudes du désert.

875. Comme nous approchons du solstice d'été, demain le soleil se lèvera (*plus tôt, plutôt*) qu'aujourd'hui.

876. J'apprendrai l'anglais (*plus tôt, plutôt*) que l'italien, parce que la première de ces langues est parlée par un plus grand nombre d'hommes.

877. Les lettrés de l'Inde étaient (*davantage, plus*) avancés que les Grecs dans la science du langage.

878. Certain religieux français, le P. Ménétrier, contemporain de Christine, reine de Suède, avait une si prodigieuse mémoire, qu'après avoir entendu prononcer une seule fois mille mots empruntés aux langues du Nord qu'il n'entendait point, il les répétait (*tout de suite, de suite*), et par conséquent sans jamais intervertir l'ordre dans lequel ils avaient été prononcés.

879. Quand un individu a avalé par accident quelque substance vénéneuse, il faut lui administrer (*tout de suite, de suite*) un vomitif.

880. Un magnanime dissentiment éclata (*entre, parmi*) Oreste et Pylade, qui voulaient mourir l'un pour l'autre.

881. (*Entre, parmi*) deux bourgeois d'une ville s'émut un différend; l'un était pauvre mais habile, l'autre riche mais ignorant; ce fut le premier qui gagna.

882. Le ministre, après avoir donné plus de vingt audiences (*tout de suite, de suite*), s'est senti très-fatigué.

883. Réciter (*tout de suite, de suite*) les différentes formes que prend un verbe par rapport aux temps, aux modes, aux personnes et aux nombres, cela s'appelle conjuguer.

884. Jésus-Christ dit à ses disciples : « Vous aurez toujours des pauvres (*entre, parmi*) vous ; mais vous ne m'aurez pas toujours.

885. Le Renard ne consomme pas (*tout à coup, tout d'un coup*) les provisions que son habileté lui a procurées; il les met en réserve et ne les mange que successivement.

886. Un homme ne descend pas (*tout à coup, tout d'un coup*) jusqu'au dernier échelon du vice, ce n'est que peu à peu qu'il se laisse aller sur la pente fatale, et, comme l'a dit un poëte : quelques crimes toujours précèdent les grands crimes.

887. Au moment où on le croyait uniquement occupé de l'administration de sa principauté de l'île d'Elbe, Napoléon débarqua (*tout à coup, tout d'un coup*) sur les côtes de France, non loin d'Antibes, et marcha aussitôt sur Paris.

888. Ma foi, disait un chat, de toutes les merveilles dont il étourdit nos oreilles, le fait est que je n'y vois..... rien.

889. Personne ne songe..... aujourd'hui aux efforts qu'il a fallu faire pour parvenir à fabriquer la première hache, soit en airain, soit en fer.

890. Qui ne dit..... mot, consent.

891. Calypso, qui se promenait le long du rivage de la mer, aperçut (*tout à coup, tout d'un coup*) les débris d'un navire, un gouvernail, un mât.

892. Tout le monde sait que le duc de Guise voulut se montrer généreux (*vis-à-vis de, envers*) Poltrot de Méré, qui venait de le frapper à mort.

893. Kehl se trouve juste (*vis-à-vis de, envers*) Strasbourg, sur l'autre rive du Rhin.

894. Priestley découvrit le gaz oxygène (*plus tôt, plutôt*) que Lavoisier; mais Lavoisier comprit (*plus tôt, plutôt*) que Priestley le rôle important que joue ce corps dans les phénomènes naturels.

895. Il vaut mieux traiter ses amis avec de la venaison (*plus tôt, plutôt*) qu'avec du bœuf.

896. Rarement à courir le monde, on devient (*davantage, plus*) homme de bien.

897. Jérusalem est (*davantage, plus*) éloignée de Paris que Smyrne.

898. Les architectes de l'antiquité possèdent une foule de qualités peu communes; ceux du moyen âge, à qui nous devons nos édifices gothiques, en possèdent peut-être (*davantage, plus*).

899. Edouard III et son armée, arrivés (*vis-à-vis de, envers*) le gué de Blanche-tache, eurent à passer la Somme en dépit des obstacles que leur opposaient les Français, postés sur l'autre rive.

900. Un jeune homme bien né doit toujours être respectueux (*vis-à-vis de, envers*) ses parents.

901. Hippolyte suivait tout pensif le chemin de Mycènes, et ses gardes affligés, rangés (*alentour, autour de*) lui, imitaient son silence.

902. A une certaine distance tout (*alentour, autour de*) les volcans, il ne pousse ni herbes, ni arbustes.

903. Bientôt la lune se leva, et ses rayons glissant (*au travers de, à travers*) le feuillage des arbres, vinrent éclairer de leur douce lumière les objets placés à la surface de la terre.

904. Les modernes sont (*davantage, plus*) instruits que les anciens en physique, en chimie, en histoire naturelle, en astronomie, en un mot dans toutes les sciences d'observation.

905. Les églogues de Virgile me plaisent beaucoup; mais celles de Théocrite me plaisent peut-être (*davantage, plus*).

906. Nous devons nous montrer humains (*vis-à-vis de, envers*) les malheureux; sinon nous manquons au plus important de nos devoirs.

907. Vous trouverez facilement la maison de mon père : il demeure (*vis-à-vis de, envers*) l'église.

908. La lionne veillait (*alentour, autour de*) l'antre où se trouvaient ses petits, parce qu'elle avait vu des chasseurs rôder (*alentour, autour de*).

909. Chez les Juifs, chaque famille se tenait debout (*alentour, autour de*) la table où était servi l'agneau pascal.

910. (*Voici, voilà*) le lieu où Guillaume Tell abattit avec une flèche une pomme placée sur la tête de son fils.

911. La prospérité des méchants et l'infortune des justes sur la terre, (*voici, voilà*) la preuve la plus irréfragable de l'immortalité de l'âme.

912. L'Arverne des anciens était un antre d'où s'échappaient des gaz irrespirables. On ne voyait aucun oiseau voler (*alentour, autour de*).

913. Le roi se tenait assis sur son trône et les grands officiers de la couronne étaient debout (*alentour, autour de*).

914. Sentir, penser, vouloir, (*voici, voilà*) les trois termes auxquels se réduisent toutes les opérations de notre entendement.

915. (*Voici, voilà*) une excellente boutade de Timon le misanthrope : il monta un jour à la tribune d'Athènes et dit : Athéniens, j'ai un petit terrain ; je vais y bâtir. Il s'y trouve un figuier ; je dois l'arracher. Plusieurs citoyens s'y sont pendus ; si la même envie prend à quelqu'un de vous, je l'avertis qu'il n'a pas un moment à perdre.

916. Quand on chauffe un mélange d'eau et d'esprit-de-vin, ce dernier liquide se volatilise beaucoup (*plus tôt, plutôt*) que le premier.

917. Annibal, (*plus tôt, plutôt*) que de suivre les bords de la mer Tyrrhénienne, s'engagea dans les marais fangeux de l'Etrurie, bien sûr que les Romains n'iraient pas l'attendre de ce côté.

918. Gaieté, doux exercice et modeste repas, (*voici, voilà*) trois médecins qui ne se trompent pas.

919. (*Voici, voilà*) une recette pour vivre longtemps : c'est de vivre sobrement, de se livrer à un travail modéré,

et de maintenir son esprit dans un calme serein au milieu des agitations et des tempêtes de la vie.

920. Tout pour lui, rien pour les autres : (*Voici, voilà*) le code de l'égoïste.

921. Comme Pyrrhus combattait en désespéré, un des ennemis s'approcha, et lui donna un grand coup de javeline (*à travers, au travers de*) sa cuirasse.

922. Le sable de la mer Caspienne est si subtil, que les Turcs disent qu'il passe (*à travers, au travers de*) la coque d'un œuf.

923. Le souverain n'a qu'un seul devoir à remplir (*envers, vis-à-vis de*) l'État, c'est de faire observer la loi.

924. Un seul mensonge mêlé (*entre, parmi*) les vérités les fait suspecter toutes.

925. (*Voici, voilà*) un fâcheux accident pour mes créanciers, disait un officier gascon qui venait de recevoir une balle (*à travers, au travers du*) corps.

926. On dénigre d'autant plus un rival qu'on le redoute (*davantage, plus*).

927. Rien n'exalte (*plus, davantage*) la tête d'un jeune poëte que les applaudissements de la foule.

928. Il vole (*de suite, tout de suite*) au camp des troupes du Péloponèse, et les amène au combat.

929. Il convient que ceux qui assistent à une pièce de théâtre connaissent (*tout à coup, tout d'un coup*) les personnages qui se présentent.

930. (*Tout à coup, tout d'un coup*), une noire tempête enveloppa le ciel, et irrita toutes les ondes de la mer.

931. La terre est emportée avec une rapidité inconcevable (*autour de, alentour*) soleil.

932. O nuit désastreuse ! ô nuit effroyable ! où retentit (*tout à coup, tout d'un coup*), comme un éclat de tonnerre, cette étonnante nouvelle : Madame se meurt, Madame est morte !

933. On dompte la panthère (*plutôt, plus tôt*) qu'on ne l'apprivoise.

934. La vivacité et le feu, qui font le principal caractère des yeux, éclatent (*plus, davantage*) dans les couleurs foncées que dans les demi-teintes de couleur.

935. Je ne sais lequel de ces deux exemples nous devons admirer (*davantage, plus*).

936. Ne faites point attendre le bienfait : c'est donner deux fois que de donner (*de suite, tout de suite*).

937. L'œil appartient à l'âme (*plutôt, plus tôt*) que tout autre organe : il exprime ses émotions les plus vives, comme ses mouvements les plus doux.

938. Nous remettons presque toujours au lendemain ce que nous devrions faire (*de suite, tout de suite*); et la mort nous surprend sans que nous ayons pu effectuer notre projet.

SYNTAXE DES PROPOSITIONS.

PROPOSITIONS SUBORDONNÉES COMPLÉTIVES.

Proposition conjonctive.

114. Exercice.

§§ 293-298. — (Mettez à l'indicatif ou au subjonctif, suivant le sens du verbe de la proposition principale.)

939. Je suis sûr qu'il (*pleuvoir*) demain.

940. Je doute qu'il (*faire*) beau demain.

941. Il est manifeste que les nez (*avoir*) été faits pour porter des lunettes ; aussi avons-nous des lunettes.

942. Je veux bien que vous (*m'enseigner*) l'almanach, pour savoir quand il y a de la lune et quand il n'y en a pas.

943. J'exige que mes enfants (*savoir*) le latin et le grec, dont l'étude après tout n'est pas bien difficile.

944. Vous n'ignorez pas qu'Alaric s'(*emparer*) de Rome en 410, et qu'il l'eût mise à sac, sans l'intercession du pape saint Léon le Grand.

945. Il est prouvé péremptoirement que la terre (*être*) ronde, qu'elle (*avoir*) la forme d'une orange un peu renflée en son milieu et aplatie aux deux bouts ou pôles.

946. Je doute que vous (*aller*) à Jérusalem en imitant la manière de voyager d'un nommé Jourdain qui, chaque

fois qu'il s'était avancé de trois pas reculait de deux.
C'était la reine Blanche de Castille qui l'avait déterminé à
entreprendre pour elle ce pèlerinage dans de telles conditions.

947. Il est certain que la terre (*accomplir*) sa révolution
autour du soleil en 365 jours 5 heures et une cinquan-
taine de minutes.

948. Il est indubitable que l'air (*être*) pesant et que nous
(*porter*) sur nos épaules le poids de toute la colonne d'air
qui se trouve au-dessus de nous. Les physiciens expli-
quent pourquoi nous ne sommes pas écrasés, aplatis sous
cette énorme charge.

949. Seigneur, nous ne vous demandons pas que ce
jeune prince (*devenir*) le vainqueur de l'Europe; nous vous
demandons qu'il (*être*) le père de son peuple.

950. C'est avec raison que Copernic soutenait que la
terre (*tourner*) autour du soleil, centre de notre monde pla-
nétaire.

951. Je ne pense pas que le climat de notre pays (*être*)
resté le même depuis le temps de César; le déboisement
a dû le modifier beaucoup.

952. On est certain à présent que les principaux peuples
qui habitent aujourd'hui l'Europe, (*avoir*) autrefois séjourné
en Asie, dans la région comprise entre la mer Caspienne
et le fleuve Indus.

953. Il est douteux que la lune (*être*) habitée par des
êtres analogues aux animaux; car elle n'a ni atmosphère
qui l'enveloppe, ni liquides qui arrosent sa surface.

954. Les lois de Lycurgue prescrivent que les enfants
(*être*) habitués à une vie dure et active.

955. Il est douteux que l'homme (*parvenir*) jamais à diriger les ballons comme il fait les vaisseaux.

956. Vous n'ignorez pas que peu à peu les différentes
nations du globe (*adopter*) le système métrique français.

957. Il est nécessaire que les vaisseaux, pour résister
aux formidables engins de destruction que l'on a imaginés
depuis quelques années, (*être*) recouverts d'une solide enveloppe métallique.

958. Il convient que nous (*être*) toujours modestes et humbles de cœur.

---

115. Même exercice.

298. — (L'élève devra employer le mode convenable soit du conditionnel, soit de l'indicatif, soit du subjonctif.)

959. Je vous félicite sincèrement sur votre entreprise; des gens compétents m'ont assuré qu'elle (*obtenir*) un plein succès.

960. On m'a dit que je (*être*) mieux chez vous qu'ailleurs, et que vous (*être*) un bon et honnête homme.

961. Quand j'ai quitté Manheim, on faisait des préparatifs pour le combat; mais on supposait qu'il n'y (*avoir*) rien de désastreux.

962. La religion exige que nous (*sacrifier*) nos ressentiments.

963. Quoique les méchants prospèrent quelquefois, pensez-vous qu'ils (*être*) heureux.

964. Ainsi, vous venez d'enfermer le loup dans la bergerie en disant qu'il n'y (*faire*) pas de ravages?

965. Il importe que je (*aller*) le voir aujourd'hui.

966. Il convient qu'un enfant (*obéir*).

967. Les astronomes ont annoncé qu'il y (*avoir*) une éclipse annulaire de soleil cette année.

---

116. Exercice.

§§ 293-302 — (Mettez ces verbes au temps et au mode convenables.)

968. Je vous affirme que le Vésuve (*être*) encore en éruption.

969. Vous dites qu'il y (*avoir*) eu hier un tremblement de terre; cependant personne ici n'a ressenti de secousse.

970. Je crois fermement que tôt ou tard un câble électrique (*faire*) le tour de la terre et (*relier*) non-seulement l'Amérique et l'Europe, mais encore l'Océanie et l'Europe.

971. Les hommes ont toujours cru qu'il (*exister*) un Dieu créateur du ciel et de la terre et souverain maître de toutes choses.

972. Les Grecs savaient aussi bien que nous que la somme des trois angles d'un triangle (*valoir*) deux angles droits.

973. Pythagore et ses disciples avaient deviné que le soleil (*être*) immobile et que la terre (*tourner*) autour de cet astre.

974. Torricelli a découvert que le mercure (*monter*) dans le tube d'un baromètre, à cause de la pression que l'air atmosphérique exerce sur la cuvette de cet instrument.

975. Fresnel a prouvé que, dans certains cas, de la lumière ajoutée à la lumière (*produire*) de l'obscurité; on a démontré également qu'un bruit s'ajoutant à un autre bruit (*pouvoir*) produire le silence.

976. Le lynx, dont les anciens ont dit que la vue (*être*) assez perçante pour pénétrer les corps opaques, est un animal fabuleux.

977. Socrate, Platon et quelques autres grands philosophes de l'antiquité ont pressenti, sans le secours de la révélation, qu'il (*exister*) un Dieu suprême qui (*présider*) à l'ordre de l'univers.

978. L'on m'a appris depuis peu qu'il (*falloir*) bien des lessives et des cérémonies, pour rendre les olives douces comme on les mange.

979. Dieu a fait des miracles étonnants et a forcé la nature à sortir de ses lois les plus constantes; il a continué par là à montrer qu'il en (*être*) le maître absolu, et que sa volonté (*être*) le seul lien qui (*entretenir*) l'univers.

980. Il a cru qu'en quelque état que fussent les rois, il (*être*) de leur majesté de n'agir que par les lois ou par les armes.

981. L'instinct ne montre à l'animal que ses besoins; mais l'homme seul, du sein d'une profonde ignorance, a connu qu'il y (*avoir*) un Dieu.

982. J'ai bien compris que vous (*être*) rentré en France pour demander vous-même votre radiation.

983. D'après vos paroles mêmes, je restai persuadé, dans notre dernière entrevue, que vous (*m'avoir*) desservi auprès de mes chefs.

984. Le maître exige que les élèves (*écrire*) lisiblement leurs devoirs ; il veut qu'ils les (*avoir*) terminés une heure ou deux avant la leçon.

985. Il faudra que je (*aller*) en Espagne pour étudier la géologie et la minéralogie de cette contrée.

986. Je voulais autrefois que tu (*apprendre*) l'allemand ; si tu l'avais fait, tu serais maintenant en état de lire Schiller et Gœthe, et de converser facilement avec ceux qui possèdent cette langue.

987. Comme je ne voyais pas revenir le vaisseau sur lequel ma fille s'était embarquée, je craignais qu'il ne (*faire*) naufrage et que tous les passagers ne (*périr*).

988. Comme je craindrais qu'une lecture prolongée ne vous (*fatiguer*) trop, je vous demande la permission d'en renvoyer la suite à demain.

989. Il importe que les enfants (*être*) habitués de bonne heure à l'ordre et à la propreté.

990. Je désirais que mon fils ne (*mourir*) pas avant moi mais mes souhaits n'ont pas été exaucés.

991. Bien que j'aie toujours entendu prononcer des opéras comme on dit des factums et des totons, je ne voudrais pas assurer qu'on le (*devoir*) dire.

992. Il serait à souhaiter que les philosophes modernes (*étudier*) les ouvrages de Platon.

993. Antisthène voulait qu'on n'(*user*) que des choses absolument nécessaires à la vie.

994. Il faut que toi et ceux qui sont ici (*faire*) le même serment.

995. Le printemps venu, il conviendrait que l on (*remettre*) à neuf les ruches des abeilles, qu'on les (*nettoyer*), qu'on en (*élargir*) l'ouverture, qui avait été diminuée pendant l'hiver.

996. Il faudrait que les jeunes gens (*s'habituer*) à ne jamais laisser passer une expression sans en demander l'explication.

997. Quand il faut se hâter, elle vole plutôt qu'elle ne marche, et je doute qu'Atalante la (*pouvoir*) devancer à la course.

998.   Quelques prêtres, ma sœur, ont d'abord proposé
  Qu'en un lieu souterrain, par nos pères creusé,
  On (*renfermer*) au moins notre arche précieuse.

999.   Néron, devant sa mère, a permis le premier
  Qu'on (*porter*) les faisceaux couronnés de laurier.

1000. Quel est donc le motif qui vous a fait tant crier contre les anciens? Est-ce la peur qu'on ne se (*gâter*) en les imitant?

1001. On ne conçoit pas que, malgré les paroles affables du prince, Vatel se (*être*) donné la mort.

1002. Pensez-vous sérieusement que si le temps eût été favorable, nous (*mettre*) trois mortelles heures pour faire deux lieues?

1003. Vous avez beaucoup de grâces à rendre à Dieu de ce qu'il a permis qu'il ne vous (*arriver*) aucun fâcheux accident.

1004. Il faudrait, si vos occupations le permettaient, que vous (*être rendu*) au palais avant l'appel de ma cause, pour donner à mon avocat quelques éclaircissements.

1005. Je ne savais pas que vous (*avoir*) fait une étude approfondie des langues anciennes.

1006. La Providence a permis que les barbares (*détruire*) l'empire des Romains et (*venger*) l'univers vaincu.

1007. On peut douter que l'homme sans principe (*s'abstenir*) d'une faute, s'il ne devait pas être reconnu.

1008. Il importait que vous (*être*) ici pour cette délibération.

1009. Nous redoutions que vous ne (*être*) égarés dans la forêt après vous avoir perdus de vue.

1010. Il faudrait empêcher que les bestiaux ne (*sortir*) du pâturage où on les a mis paître.

1011. L'inventeur craignait qu'un autre ne (*avoir*) découvert son secret et ne l'(*avoir*) publié avant lui.

1012. Diogène commanda qu'on (*jeter*) son corps à la voirie lorsqu'il serait mort.

1013. Votre honneur exige que vous (*donner*) quelques explications à propos du fait que l'on vous impute.

1014. Il faut que nous (*faire*) construire un cadran solaire horizontal dans notre jardin.

1015. S'il arrivait que vous (*refuser*) de nous rendre le service que nous attendons de vous, nous en serions bien peinés.

1016. Il serait bon que les jeunes gens (*voyager*) un peu pour compléter leur éducation.

1017. Il est indispensable que mon neveu (*avoir*) achevé ses études à l'époque où je reviendrai d'Amérique.

1018. Le médecin craignait que la maladie de son client n'(*avoir*) empiré pendant le voyage que celui-ci avait été forcé de faire, mais c'est précisément le contraire qui est arrivé.

1019. Je n'espère plus que l'on (*établir*) un chemin de fer direct entre Paris et Londres.

1020. Les Gaulois disaient qu'ils ne craignaient qu'une seule chose, c'était que le ciel ne (*tomber*) sur leurs têtes, et qu'ils ne (*pouvoir*) le soutenir avec le fer de leurs lances.

1021. Il est douteux que notre industrie métallurgique (*pouvoir*) égaler un jour celle de l Angleterre.

1022. Il fallait que vous (*avoir*) perdu la tête pour concevoir le dessein d'abandonner la vieille Europe et d'aller vous établir en Amérique.

1023. Il serait urgent que l'on (*pénétrer*) jusqu'au cœur de l'Afrique et que l'on (*parcourir*) ce pays dans tous les sens. On y trouverait peut-être des richesses naturelles d'une très-grande importance.

1024. S'il fallait que les gens chargés de harponner les baleines (*manquer*) leur coup, ils se trouveraient exposés à une mort presque assurée.

1025. Tu demandais l'impossible quand tu exigeais que je t'(*avoir*) livré mon travail quinze jours après l'avoir commencé.

1026. Je souhaite que vous (*reussir*) et que vous (*être*) heureux dans votre nouvelle situation.

***

Subordination des propositions.

117. LA JEUNESSE DE BUFFON.

(L'élève devra mettre aux modes convenables, soit de l'indicatif, soit du subjonctif les verbes qui suivent la conjonction *que*.)

Combien peu de gens comprennent le prix du temps, combien y en a t-il qui perdent dans la paresse et l'inaction des heures nombreuses qu'ils consacrent, soit au sommeil, soit à un fol amusement, sans comprendre que notre vie (*être*) si courte qu'il s'en (*falloir*) de beaucoup qu'elle (*pouvoir*) toujours suffire à l'homme pour achever l'œuvre commencée. Dans ma jeunesse, dit Buffon, j'aimais beaucoup dormir, et il était rare que le sommeil ne me (*dérober*) pas la moitié de mon temps. Mon pauvre Joseph faisait tout ce qu'il pouvait pour vaincre ma paresse, et il ne se passait pas de jours qu'il n'(*essayer*) de me guérir de ma maladie, mais il arrivait rarement qu'il (*réussir*). Je lui promis un jour un écu pour qu'il me (*forcer*) de me lever à six heures. Il arriva qu'il (*venir*) le lendemain matin me tourmenter à l'heure que je lui avais fixée ; mais je lui répondis si brusquement, qu'il (*devoir*) me laisser. Le jour suivant, il vint encore ; ce jour-là je lui fis de grandes menaces, et peu s'en fallut qu'il ne me (*croire*) sérieusement fâché. Joseph, lui dis-je, dans l'après-midi, je vois que je (*perdre*) mon temps, et que tu ne (*gagner*) rien, je veux que tu (*comprendre*) mieux tes intérêts et les miens ; ne pense désormais qu'à la promesse que je t'ai faite, et ne fais aucun cas de mes menaces. Le lendemain, il en vint à son honneur. D'abord je le priai, je le suppliai, puis je me fâchai ; mais j'avais ordonné qu'il ne (*faire*) aucune attention à ce que je lui disais, cette fois il obéit, et il me fallut me lever, quoi que je fisse. Je dois au pauvre Joseph une demi-douzaine au moins des ouvrages que j'ai publiés.

***

Proposition infinitive.

118. Exercice.

§§ 303-305. — (Remplacez par une proposition infinitive la proposition entre parenthèses.)

1027. Je crois (*que j'arrive au but*).

1028. Penses-tu donc (*que tu réussiras*)?

1029. Ne partez pas sans (*que vous m'ayez prévenu*).

1030. Ne revenez pas ayant (*que vous ayez terminé cette affaire*).

1031. On m'a choisi pour (*que je sois votre tuteur*).

1032. Je vous ai appelé pour (*que vous me donnassiez un renseignement*).

1033. Je crois (*que je suis malade*).

1034. Je trouve le temps trop précieux pour (*que je le perde*).

1035. Je vous promets (*que je reviendrai vainqueur*).

1036. Notre père permet (*que nous jouions pendant une heure*).

1037. Je souhaite (*que je n'aie pas à me repentir de vous avoir obligé*).

1038. Il faudra (*que j'aille demain à Paris*).

Proposition comparative et interrogation indirecte.

119. Exercice.

§§ 306-309. — (Mettez le verbe entre parenthèses au mode et au temps convenables.)

1039. Le nouveau chef de bureau s'est montré aussi aimable que son prédécesseur le (*être*) peu.

1040. Il est devenu plus riche que son père ne le (*être*) jamais autrefois.

1041. Je voudrais savoir si vous (*travailler*) avec ardeur, le cas échéant.

1042. Dites-moi à quelle heure je (*pouvoir*) vous trouver chez vous.

1043. Ces employés sont devenus moins complaisants qu'ils ne l'(*être*) autrefois.

1044. Il fuit le bien autant qu'il le (*pouvoir*).

1045. J'ignore qui me (*donner*) les renseignements dont j'ai absolument besoin.

1046. Il s'en faut de beaucoup que Rome soit aussi peuplée qu'elle l'(*être*) du temps des Césars.

PROPOSITIONS SUBORDONNÉES CIRCONSTANCIELLES

120. Exercice.

§§ 510-514. — (Mettez à l'indicatif ou au subjonctif suivant la règle.)

1047. Si vous m'en (*croire*), vous n'irez pas à St-Pétersbourg.

1048. Tout habile que vous (*être*), je doute que vous le soyez autant que votre père.

1049. Tant que le soleil (*suivre*) la route qui lui a été tracée par la nature, les Athéniens poursuivront sur le roi de Perse la vengeance qu'exigent leurs campagnes désolées et leurs temples réduits en cendres.

1050. Il n'y a d'autre défaut dans les vers de Chapelain sinon qu'on ne les (*pouvoir*) lire.

1051. Nous avions beaucoup de souris; mais le chat en a tellement attrapé que nous n'en (*voir*) plus.

1052. Conduisons-nous d'une façon tellement désintéressée, que personne ne (*pouvoir*) nous reprocher d'avoir préféré nos intérêts au bien public.

1053. Comme le (*dire*) fort bien un auteur, un sot trouve toujours un plus sot qui l'admire.

1054. Depuis qu'il (*faire*) froid, je n'ai pas quitté la chambre.

1055. Dès que l'enfant (*marcher*) seul, il sera sevré.

1056. Agissez envers votre ennemi comme s'il (*devoir*) devenir un jour votre ami.

1057. Pour avoir imaginé de mettre le parterre de l'Opéra de niveau avec la scène, un gentilhomme fut grassement pensionné et comblé d'honneurs comme s'il (*sauver*) la patrie.

1058. Votre frère a agi de telle sorte que tout le monde (*être*) content de lui; agissez à votre tour de manière que l'on (*être*) content de vous.

1059. On paiera l'apprenti davantage, à mesure qu'il (*travailler*) mieux.

1060. Ainsi que je vous le (*dire*) la semaine dernière, je vais aller habiter Rouen.

1061. Je n'achèverai pas la lecture de ce livre, attendu qu'il m'(*ennuyer*) beaucoup.

1062. Quelque lourde que (*pouvoir*) être la tâche que je me suis imposée, je l'achèverai.

1063. Qui que tu (*être*), songe qu'un jour ou l'autre tu devras rendre compte à Dieu de tes actions.

1064. Quoi qu'on (*pouvoir*) faire, on n'a jamais réussi à débarrasser complétement de leur mauvaise odeur les huiles minérales propres à l'éclairage.

1065. Delille traduisit Virgile aussi bien que celui-ci (*imiter*) Homère.

1066. Aussitôt que vous (*vouloir*) partir, vos chevaux seront tout prêts.

1067. Autant que nous (*pouvoir*) le conjecturer, Sirius est une des étoiles fixes les plus rapprochées de nous.

1068. Si peu que vous m'(*aider*), mon travail en sera toujours abrégé d'autant.

1069. Soit que vous le (*vouloir*), soit que vous ne le (*vouloir*) pas, la vieillesse viendra frapper à votre porte.

1070. Si grand que (*être*) César, il n'en était pas moins homme.

1071. Je vous suivrai jusqu'au bout du monde, si tant est que vous (*aller*) jusque-là.

1072. Je partirai seul, à moins que vous ne vous (*decider*) à partir avec moi.

1073. Veillez et priez, afin que vous ne (*tomber*) point dans la tentation.

1074. Avant que l'on (*inventer*) les allumettes chimiques actuelles, on se servait des briquets dit phosphoriques ou des briquets ordinaires.

1075. Pour que vous me (*tirer*) des pleurs, il faut que vous (*pleurer*).

1076. Pourvu que le froid ne (*devenir*) pas excessif, j'aime autant l'hiver que toute autre saison.

1077. Quels que (*être*) les humains, il faut vivre avec eux.

1078. Faites bonne garde dans ma maison jusqu'à ce que je (*revenir*).

1079. Pour peu qu'on lui (*laisser*) poursuivre le cours de ses exploits, il serait devenu un scélérat consommé.

1080. Lorsque vous (*vouloir*) dessiner, il fallait me demander des crayons.

1081. Parce que vous (*être*) indisposée, ce n'est pas une raison pour négliger votre toilette.

1082. Quand on (*semer*) dans la tristesse, on récolte dans la joie.

1083. Quoique la civilisation (*être*) assez développée au Mexique à l'époque de la découverte, on se trouvait dans une période rétrograde par rapport à celle qui l'avait précédée.

1084. Tous les jours, nous vieillissons sans que nous nous en (*apercevoir*).

1085. Bien que vous ne m'y (*faire*) pas penser, je n'oubliais pas les préparatifs de notre dîner.

1086. Il faut saler la viande, de crainte qu'elle ne se (*corrompre*).

1087. Les habitants du pays envahi avaient enfoui leurs provisions, de peur que l'ennemi ne s'en (*emparer*).

Proposition participe.

121. Exercice.

(Remplacez la proposition circonstancielle par une proposition participe)

1088. (*Lorsque les parts furent faites*), le lion parla ainsi.

1089. (*Quand la prière du soir était achevée*), on allait se coucher.

1090. (*Lorsque ma tâche était accomplie*), j'allais me promener.

1091. (*Après que l'âne eut cessé*) de parler, tous crièrent. haro sur le baudet.

1092. (*Dès que la nuit sera venue*), nous allumerons notre lampe.

1093. (*Après que vous serez partis*), nous nous ennuierons beaucoup.

1094. (*Si vous êtes présents*), il nous semble que personne n'osera nous attaquer.

1095. J'y cours, (*au moment où midi sonne*), au sortir de la messe.

1096. (*Quand Louis XIV régnait*), on construisit le somptueux palais de Versailles.

Emploi de la négation dans les propositions subordonnées.

122. Exercice.

(Remplacez les points par la négation *ne* toutes les fois que cela sera nécessaire.)

1097. Je crains que vous..... vouliez pas suivre mes conseils.

1098. Marius, dans les marais de Minturnes, tremblait que quelqu'un de ses ennemis.... vînt à passer et ..... le découvrit.

1099. J'appréhende que l'on ..... me blâme d'avoir proposé cette réforme.

1100. Je n'appréhende pas que l'on ..... me blâme d'avoir fait le bien.

1101. Les architectes eurent peur que la voûte .... fût trop pesante et qu'elle ..... vînt à tomber.

1102. Les bergers doivent prendre garde que les loups ..... se jettent sur leur troupeau.

1103. Empêchez que les enfants ..... approchent trop près de la rivière.

1104. L'étude est plus facile aujourd'hui qu'elle ..... l'était autrefois.

1105. Mon parapluie est moins solide que je ..... me le serais imaginé.

1106. Il est de mauvais goût de parler autrement qu'on ... le fa dans les sociétés que l'on fréquente.

Différentes sortes de propositions.

123. Exercice.

(Indiquer la nature des propositions contenues dans les phrases suivantes.)

1107. Les hommes sont mortels.

1108. Nous étudions notre leçon.

1109. On peut me torturer, on ne pourra jamais me fléchir.

1110. Turenne meurt; tout se confond; la fortune chancelle; la victoire se lasse; la paix s'éloigne; les bonnes intentions des alliés se ralentissent; le courage des troupes est abattu par la douleur et ranimé par la vengeance; tout le camp demeure immobile.

1111. Tout animal est mortel; or l'homme est un animal; donc l'homme est mortel.

1112. Il pleuvra demain, car le baromètre descend.

1113. J'espère que vous ne serez pas irrité.

1114. J'examine si votre pouls est bon.

1115. Je partirai dès que le jour sera venu.

1116. Je ne sais où vous allez.

1117. Dis-moi qui tu hantes, je te dirai qui tu es.

1118. L'homme qui ne vient pas au secours de son semblable, mérite de tomber dans l'infortune.

1119. J'ai perdu le livre que vous m'avez donné.

1120. Je crois que j'ai été trompé.

1121. L'histoire que vous m'avez racontée est fort intéressante; celui qui en est le héros s'est bravement comporté.

1122. Le sujet dont nous nous sommes entretenus n'est pas aussi important que nous l'aurions cru.

1123. Le fils du paysan qui est malade est désolé de la situation où il voit son père.

1124. La plus noble conquête que l'homme ait jamais faite est celle de ce fier et fougueux animal, qui partage avec lui les fatigues de la guerre et la gloire des combats.

1125. Pourvu que vous consentiez à exécuter ponctuellement mes ordres, je ne demande pas mieux que de vous prendre à mon service.

1126. La nuit étant venue, on alluma des flambeaux.

1127. Denis le Jeune fut aussi vil dans l'adversité qu'il avait été orgueilleux et insolent sur le trône.

1128. L'âne, qui goûtait fort l'autre façon d'aller, se plaint en son langage.

1129 J'espère achever bientôt la besogne que j'ai entreprise.

1130. Notre Père qui êtes aux cieux, que votre nom soit sanctifié, que votre règne arrive, que votre volonté soit faite sur la terre comme au ciel.

FIN.

TABLE DES MATIÈRES.

PREMIÈRE PARTIE.

DEUXIÈME PARTIE.

SYNTAXE D'ACCORD.

SYNTAXE DE COMPLÉMENT.

SYNTAXE D'EMPLOI.

SYNTAXE DES PROPOSITIONS.

FIN.

Saint-Cloud. — Imprimerie de Mme Ve BELIN.

www.ingramcontent.com/pod-product-compliance
Lightning Source LLC
Chambersburg PA
CBHW070803290326
41931CB00011BA/2115